Michael W. Göring
Interkulturelle Vielfalt in Unternehmen
Auflage 1 - 2025

AF272198

Michael W. Göring

Interkulturelle Vielfalt im Unternehmen

Herausforderung und Chance zugleich

Handbuch und Nachschlagewerk
mit wertvollen Praxistipps

Auflage 1

Verlag: BoD · Books on Demand GmbH,
Überseering 33, 22297 Hamburg, bod@bod.de
Druck: Libri Plureos GmbH,
Friedensallee 273, 22763 Hamburg

Deutschsprachige Erstausgabe April 2025

Autor:
Michael W. Göring
Culture-Connect Leadership
Sankt Peter-Ording

www.cultureconnect-leadership.de
kontakt@cultureconnect-leadership.de

ISBN: 978-3-7693 5396-9
Auflage 1 – April 2025

Vorwort

Willkommen in der faszinierenden Welt der interkulturellen Vielfalt.

einem Thema das nicht nur herausfordernd, sondern auch voller Chancen steckt.
In einer globalisierten Wirtschaft in der Unternehmen zunehmend international agieren, wird das Verständnis und die Wertschätzung kultureller Unterschiede zu einem entscheidenden Erfolgsfaktor.

Dieses Handbuch ist nicht nur ein Buch, es ist ebenso ein Nachschlagewerk für dich und deine Frage.
Es ist darauf ausgelegt, dich auf eine Reise durch die komplexen Facetten der interkulturellen Zusammenarbeit mitzunehmen.

In zehn modular aufgebauten Kapiteln erforschen wir die Grundlagen der interkulturellen Vielfalt, beleuchten Werte, Normen und Stereotype und vermitteln dir praxisnahe Tipps zur Förderung eines respektvollen Miteinanders.

Jedes Kapitel ist mit wertvollen Einblicken und Beispielen angereichert die dir helfen werden, interkulturelle Dynamiken besser zu verstehen und aktiv zu gestalten.
Du wirst lernen, wie du die Vielfalt in deinem Unternehmen nicht nur als Herausforderung sondern als wertvolle Ressource nutzen kannst.
Von der Kommunikation über Konfliktmanagement bis hin zu Führungsstilen.
Ich gebe dir Werkzeuge an die Hand, um in interkulturellen Teams erfolgreich zu navigieren und innovative Lösungen zu entwickeln.

Die Zukunft gehört denen, die bereit sind, die Unterschiede zu feiern und voneinander zu lernen.
Lass uns gemeinsam entdecken, wie interkulturelle Vielfalt zu einem Wettbewerbsvorteil werden kann und wie du durch gezielte Maßnahmen ein integratives und produktives Arbeitsumfeld schaffen kannst.
Deine Reise in die Welt der interkulturellen Vielfalt beginnt jetzt!
sei neugierig, sei offen und sei bereit, neue Horizonte zu erkunden!

Inhaltsverzeichnis

Kapitel 1
Einführung in die Interkulturelle Vielfalt

Kultur ist wie ein Eisberg: Sichtbares Verhalten und Sprache sind nur die Spitze.
Das wahre Verständnis beginnt unter der Oberfläche, dort, wo Werte, Normen und unausgesprochene Annahmen das Denken und Handeln prägen.
Wer interkulturell führen will, muss nicht nur sehen, sondern auch verstehen, was verborgen liegt.

Einführung in die Interkulturelle Vielfalt

Definition und Bedeutung der interkulturellen Vielfalt

Interkulturelle Vielfalt bezieht sich auf das Vorhandensein und die Interaktion von Menschen aus unterschiedlichen kulturellen Hintergründen innerhalb einer Organisation oder Gemeinschaft. Diese Vielfalt umfasst eine breite Palette von Unterschieden, einschließlich, aber nicht beschränkt auf, Ethnizität, Nationalität, Sprache, Religion und soziale Normen. In der heutigen globalisierten Welt ist interkulturelle Vielfalt zu einem zentralen Thema für Unternehmen geworden, da sie in einem zunehmend vernetzten und internationalen Umfeld agieren müssen.

Die Bedeutung der interkulturellen Vielfalt im Unternehmenskontext kann nicht hoch genug eingeschätzt werden. Eine diverse Belegschaft bringt eine Vielzahl von Perspektiven, Ideen und Lösungsansätzen mit sich, die zu Innovation und Kreativität führen können. Unterschiedliche kulturelle Hintergründe ermöglichen es Teams, Probleme aus verschiedenen Blickwinkeln zu betrachten und innovative Lösungen zu entwickeln, die einheitlichere Teams möglicherweise nicht in Betracht ziehen würden.

Darüber hinaus fördert interkulturelle Vielfalt ein inklusives Arbeitsumfeld, das Talente anzieht und hält. Unternehmen, die Vielfalt und Inklusion in den Mittelpunkt ihrer Unternehmenskultur stellen, sind in der Regel erfolgreicher darin, qualifizierte Mitarbeiter zu gewinnen und zu binden. Diese Unternehmen profitieren von einer höheren Mitarbeiterzufriedenheit und -motivation, was sich positiv auf die Produktivität und das Betriebsergebnis auswirkt.

Interkulturelle Vielfalt spielt auch eine entscheidende Rolle beim Zugang zu neuen Märkten. Unternehmen mit einer vielfältigen Belegschaft haben einen besseren Einblick in die Bedürfnisse und Präferenzen verschiedener Kundenstämme und können ihre Produkte und Dienstleistungen entsprechend anpassen. Dies führt zu einer stärkeren Marktpräsenz und einer erhöhten Wettbewerbsfähigkeit auf globaler Ebene.

Nicht zuletzt trägt interkulturelle Vielfalt zur Förderung von Respekt und gegenseitigem Verständnis bei. Wenn Mitarbeiter aus verschiedenen Kulturen zusammenarbeiten, lernen sie, Vorurteile und Stereotypen zu überwinden und eine wertschätzende Kommunikation zu pflegen. Dies schafft ein harmonisches Arbeitsumfeld, das Konflikte minimiert und die Zusammenarbeit stärkt.

Insgesamt ist interkulturelle Vielfalt ein wesentlicher Treiber für Innovation, Wachstum und Erfolg in der modernen Geschäftswelt. Unternehmen, die diese Vielfalt aktiv fördern und nutzen, positionieren sich besser für den Erfolg in einem dynamischen und komplexen globalen Markt.

Historische Entwicklung und aktuelle Trends

Die historische Entwicklung der interkulturellen Vielfalt in Unternehmen ist eng mit der Globalisierung und den damit einhergehenden internationalen Handelsbeziehungen verknüpft. Bereits im Zeitalter der Entdeckungen und Kolonialisierungen wurden erste Grundlagen für den interkulturellen Austausch gelegt. In den letzten Jahrzehnten hat die rasante Entwicklung von Technologie und Kommunikation zu einer immer stärker vernetzten Welt geführt, in der geografische Grenzen zunehmend an Bedeutung verlieren. Mit der Zunahme internationaler Geschäftsbeziehungen und der Migration von Arbeitskräften sind Unternehmen heute mehr denn je auf die Fähigkeit angewiesen, interkulturelle Vielfalt zu managen. Die Anfänge dieses Trends lassen sich in den 1960er und 1970er Jahren verorten, als multinationale Unternehmen begannen, kulturelle Unterschiede als potenzielle Quelle für Wettbewerbsvorteile zu erkennen und zu nutzen. In dieser Zeit entstanden erste Modelle und Theorien zur interkulturellen Kommunikation und Zusammenarbeit, die bis heute weiterentwickelt werden. Aktuelle Trends zeigen, dass interkulturelle Vielfalt nicht nur in großen multinationalen Konzernen, sondern auch in kleinen und mittelständischen Unternehmen eine zunehmend wichtige Rolle spielt.

Die Digitalisierung hat den Zugang zu globalen Märkten erleichtert und ermöglicht es selbst kleinen Unternehmen, international tätig zu werden und von der kulturellen Vielfalt ihrer Belegschaft zu profitieren.

Ein weiterer aktueller Trend ist die verstärkte Betonung von Vielfalt und Inklusion als strategische Unternehmensziele. Immer mehr Organisationen erkennen den Wert diverser Teams und integrieren Vielfalt in ihre Unternehmenskultur, um Innovation zu fördern und die Zufriedenheit der Mitarbeiter zu steigern.

Diese Entwicklung wird durch gesetzliche Vorgaben und gesellschaftliche Erwartungen unterstützt, die Unternehmen dazu drängen, proaktiv auf Vielfalt und Inklusion hinzuarbeiten.

Beispiel:

Ein anschauliches Beispiel für die erfolgreiche Integration interkultureller Vielfalt in ein Unternehmen ist das Technologieunternehmen SAP. SAP hat sich der Förderung einer inklusiven Unternehmenskultur verschrieben, in der Vielfalt als zentrales Element der Unternehmensstrategie verankert ist. Das Unternehmen hat zahlreiche Initiativen ins Leben gerufen, um Mitarbeiter aus verschiedenen Kulturen zu fördern und zu integrieren.

Dazu gehören interkulturelle Trainingsprogramme, Mentoring-Initiativen und Plattformen für den Austausch zwischen Mitarbeitern unterschiedlicher kultureller Hintergründe.

Durch diese Maßnahmen konnte SAP nicht nur die Mitarbeiterzufriedenheit und -bindung steigern, sondern auch die Innovationskraft und Wettbewerbsfähigkeit auf globalen Märkten stärken.

Das Unternehmen hat erkannt, dass interkulturelle Vielfalt ein Schlüssel zur Erschließung neuer Marktchancen und zur Verbesserung der Kundenbeziehungen ist.

Insgesamt zeigt das Beispiel von SAP, wie Unternehmen durch die gezielte Förderung interkultureller Vielfalt nicht nur ihre interne Kultur bereichern, sondern auch ihre Marktposition und Geschäftsergebnisse nachhaltig verbessern können.

Praxisbeispiel: Erfolgreiche Implementierung von Vielfalt im Unternehmen

Die erfolgreiche Implementierung von interkultureller Vielfalt in einem Unternehmen erfordert eine strategische Herangehensweise, die alle Ebenen der Organisation einbezieht.
Unternehmen, die Vielfalt als integralen Bestandteil ihrer Geschäftsstrategie betrachten, profitieren von unterschiedlichen Perspektiven und Erfahrungen, die zur Innovationsfähigkeit und Wettbewerbsstärke beitragen.
Ein bemerkenswertes Beispiel für ein Unternehmen, das interkulturelle Vielfalt erfolgreich implementiert hat, ist der internationale Lebensmittelkonzern Nestlé.
Nestlé hat erkannt, dass der Erfolg auf globalen Märkten eng mit der Fähigkeit verknüpft ist, kulturelle Unterschiede zu verstehen und zu nutzen. Das Unternehmen verfolgt eine umfassende Diversitäts- und Inklusionsstrategie, die darauf abzielt, ein Arbeitsumfeld zu schaffen, in dem alle Mitarbeiter unabhängig von ihrem kulturellen Hintergrund geschätzt und gefördert werden.

Beispiel:
Nestlé hat mehrere Maßnahmen ergriffen, um interkulturelle Vielfalt in seiner Organisation zu stärken.
Dazu gehören globale Schulungsprogramme, die darauf abzielen, das Bewusstsein für kulturelle Unterschiede zu schärfen und interkulturelle Kompetenzen zu entwickeln.
Diese Programme beinhalten Workshops und Seminare, die sich mit Themen wie kultureller Sensibilisierung, Kommunikation und Konfliktmanagement befassen.
Darüber hinaus hat Nestlé Mentoring-Programme ins Leben gerufen, die es Mitarbeitern ermöglichen, von Kollegen aus verschiedenen kulturellen Hintergründen zu lernen.
Diese Programme fördern den Austausch von Wissen und Erfahrungen und helfen dabei, kulturelle Barrieren abzubauen.

Ein weiterer wichtiger Aspekt von Nestlés Ansatz ist die Förderung einer inklusiven Führungskultur.
Führungskräfte werden darin geschult, Vielfalt in ihren Teams zu managen und eine Umgebung zu schaffen, in der alle Stimmen gehört werden.
Dies trägt dazu bei, eine Kultur des Respekts und der Zusammenarbeit zu fördern, in der Innovation gedeihen kann.

Die Ergebnisse dieser Bemühungen sind vielversprechend. Nestlé hat nicht nur die Mitarbeiterzufriedenheit und -bindung erhöht, sondern auch die Innovationskraft gesteigert.

Die Fähigkeit, auf die Bedürfnisse und Vorlieben verschiedener Märkte einzugehen, hat dem Unternehmen geholfen, seine globale Präsenz zu erweitern und seine Marktposition zu stärken.

Verständnis von Kultur

Was ist Kultur?

Kultur ist ein komplexes und vielschichtiges Konzept, das die Werte, Überzeugungen, Verhaltensweisen, Normen und Symbole umfasst, die eine Gruppe von Menschen gemeinsam hat. Diese gemeinsamen Merkmale werden von Generation zu Generation weitergegeben und beeinflussen, wie Individuen die Welt um sich herum wahrnehmen und mit ihr interagieren. Kultur prägt nicht nur die individuelle Identität, sondern auch die kollektive Identität von Gemeinschaften, Organisationen und Nationen.

Im Kontext von Unternehmen ist das Verständnis von Kultur von entscheidender Bedeutung, da sie die Art und Weise beeinflusst, wie Mitarbeiter kommunizieren, Entscheidungen treffen und Probleme lösen. Kulturelle Unterschiede können sich auf viele Aspekte des Arbeitslebens auswirken, einschließlich Führung, Motivation und Teamarbeit. Daher ist es wichtig, dass Unternehmen und Führungskräfte die kulturellen Hintergründe ihrer Mitarbeiter verstehen, respektieren und sensibilisieren, um ein harmonisches und produktives Arbeitsumfeld zu schaffen.

Beispiel:
Ein anschauliches Beispiel für das Verständnis und die Integration von Kultur in einem Unternehmen ist der japanische Automobilhersteller Toyota. Toyota ist bekannt für seine einzigartige Unternehmenskultur, die stark von japanischen Werten wie Respekt, Teamarbeit und kontinuierlicher Verbesserung (Kaizen) geprägt ist. Diese kulturellen Prinzipien sind tief in den Betriebsabläufen und der Unternehmensstrategie von Toyota verankert und tragen maßgeblich zum Erfolg des Unternehmens bei.

Toyota hat erkannt, dass das Verständnis der eigenen Unternehmenskultur entscheidend ist, um auf globalen Märkten erfolgreich zu sein. Das Unternehmen fördert kulturelle Sensibilität und interkulturelle

Kompetenz durch Schulungsprogramme, die darauf abzielen, Mitarbeitern ein tiefes Verständnis für die Werte und Praktiken des Unternehmens zu vermitteln.
Diese Programme helfen Mitarbeitern, die kulturellen Unterschiede zwischen verschiedenen Märkten zu verstehen und effektiv zu managen.

Ein konkretes Beispiel für Toyotas kulturelle Kompetenz ist die Einführung des "Toyota Way", eines Leitfadens, der die zentralen Werte und Prinzipien des Unternehmens beschreibt. Dieser Leitfaden wird in allen Niederlassungen weltweit angewendet und dient als Orientierungshilfe für Mitarbeiter, um kulturelle Unterschiede zu überbrücken und eine einheitliche Unternehmenskultur zu schaffen.

Durch das Verständnis und die Integration von Kultur hat Toyota nicht nur seine internen Prozesse optimiert, sondern auch seine globale Wettbewerbsfähigkeit gestärkt. Das Beispiel von Toyota zeigt, dass ein tiefes Verständnis von Kultur und die Fähigkeit, kulturelle Unterschiede zu managen, entscheidend für den langfristigen Erfolg eines Unternehmens sind.

Elemente und Merkmale von Kultur

Kultur ist ein komplexes Gefüge, das aus verschiedenen Elementen besteht, die zusammen die Identität und das Verhalten einer Gruppe prägen.
Diese Elemente interagieren miteinander und beeinflussen, wie Menschen denken, fühlen und handeln.
Ein tiefes Verständnis der Elemente und Merkmale von Kultur ist entscheidend für Unternehmen, die in einem globalen Kontext agieren, da es ihnen ermöglicht, kulturelle Unterschiede zu erkennen und effektiv zu managen.

Elemente der Kultur:

1. Werte und Überzeugungen:
Werte sind die grundlegenden Überzeugungen, die als Leitprinzipien für das Verhalten dienen.
Sie definieren, was in einer Kultur als wichtig, richtig oder wünschenswert angesehen wird.
Überzeugungen sind spezifische Vorstellungen, die aus diesen Werten abgeleitet werden und die Wahrnehmung und Interpretation von Ereignissen beeinflussen.

2. Normen und Regeln:
Normen sind die ungeschriebenen Regeln, die das Verhalten in einer Gesellschaft oder Gruppe regulieren.
Sie legen fest, was als akzeptabel oder inakzeptabel gilt und helfen, soziale Ordnung aufrechtzuerhalten.
Regeln sind formelle Vorschriften, die das Verhalten in bestimmten Kontexten steuern.

3. Symbole und Sprache:
Symbole sind Objekte, Gesten oder Bilder, die eine besondere Bedeutung innerhalb einer Kultur haben.
Sprache ist das wichtigste symbolische System und dient als primäres Mittel der Kommunikation.
Sie trägt zur Übertragung von Wissen und kulturellen Werten bei.

4. Rituale und Traditionen:
Rituale sind formelle, wiederkehrende Handlungen, die symbolische Bedeutung haben.
Traditionen sind überlieferte Bräuche und Praktiken, die von Generation zu Generation weitergegeben werden und zur Stärkung der kulturellen Identität beitragen.

5. Artefakte und materielle Kultur:
Artefakte sind physische Objekte, die von Menschen geschaffen wurden und kulturelle Bedeutung haben.
Die materielle Kultur umfasst alle greifbaren Elemente, die eine Kultur charakterisieren, wie Kunst, Architektur und Technologie.

Merkmale der Kultur

1. Dynamik und Wandel:
Kultur ist nicht statisch, sondern unterliegt einem ständigen Wandel. Sie passt sich an neue Umstände an und entwickelt sich weiter, während sie gleichzeitig die Kontinuität und Stabilität der Gesellschaft sichert.

2. Kollektive Prägung:
Kultur wird durch die Interaktion zwischen Individuen innerhalb einer Gruppe geformt. Sie ist ein kollektives Phänomen, das durch soziale Interaktion und gemeinsames Erleben entsteht.

3. Unsichtbare Struktur:
Viele Aspekte der Kultur sind implizit und nicht direkt sichtbar. Sie manifestieren sich in Verhaltensweisen, Einstellungen und Prioritäten der Mitglieder einer Kultur.

4. Einfluss auf Identität:
Kultur spielt eine wesentliche Rolle bei der Bildung der individuellen und kollektiven Identität. Sie beeinflusst, wie Menschen sich selbst und andere wahrnehmen und welche Rolle sie in der Gesellschaft einnehmen.

Beispiel:
Ein praktisches Beispiel für das Verständnis und die Integration der kulturellen Elemente und Merkmale ist das multinationale Technologieunternehmen IBM.
IBM hat erkannt, dass kulturelle Vielfalt eine wesentliche Stärke im globalen Geschäftsumfeld darstellt.
Das Unternehmen hat eine Kultur der Inklusion und des Respekts entwickelt, die auf den gemeinsamen Werten und Überzeugungen seiner globalen Belegschaft aufbaut.

IBM fördert die kulturelle Sensibilität durch Trainingsprogramme, die sich auf die Vermittlung von Wissen über die verschiedenen kulturellen Elemente konzentrieren.
Diese Programme helfen Mitarbeitern, die kulturellen Normen und Werte ihrer internationalen Kollegen zu verstehen und zu respektieren, was zu einer effektiveren Zusammenarbeit führt.

Ein besonderes Augenmerk legt IBM auf die Symbolik und Sprache, indem es sicherstellt, dass alle Kommunikationsmaterialien kulturell sensitiv sind und in den relevanten Sprachen verfügbar gemacht werden. Dadurch wird sichergestellt, dass alle Mitarbeiter und Kunden unabhängig von ihrem kulturellen Hintergrund in ihrer eigenen Sprache und Symbolik angesprochen werden.

Durch die bewusste Integration und das Verständnis der kulturellen Elemente und Merkmale hat IBM nicht nur seine interne Zusammenarbeit verbessert, sondern auch seine Position auf den globalen Märkten gestärkt.

Einflüsse von Kultur auf Verhalten

Kultur hat einen tiefgreifenden Einfluss auf das Verhalten von Individuen, indem sie die Art und Weise formt, wie Menschen denken, kommunizieren und interagieren.
Das Verständnis dieser Einflüsse ist besonders wichtig für Unternehmen, die in einem globalisierten Umfeld tätig sind, da kulturelle Unterschiede zu Missverständnissen und Konflikten führen können, wenn sie nicht angemessen berücksichtigt werden.

Einflüsse von Kultur auf individuelles Verhalten:

1. Kommunikationsstile:
Kultur beeinflusst stark, wie Menschen kommunizieren.
In einigen Kulturen ist die Kommunikation direkt und explizit, während in anderen Kulturen indirekte und kontextabhängige Kommunikation vorherrscht.
Diese Unterschiede können zu Missverständnissen führen, wenn sie nicht erkannt und berücksichtigt werden.

2. Entscheidungsfindung:
Kulturelle Normen prägen häufig den Prozess der Entscheidungsfindung.
In kollektivistischen Kulturen wird oft Wert auf Gruppenentscheidungen gelegt, während in individualistischen Kulturen individuelle Entscheidungen bevorzugt werden.
Diese Unterschiede wirken sich auf Managementpraktiken und Teamdynamiken aus.

3. Konfliktlösung:

Unterschiedliche Kulturen haben verschiedene Ansätze zur Konfliktlösung. Während einige Kulturen eine konfrontative Herangehensweise bevorzugen, setzen andere auf Harmonie und indirekte Lösungswege. Das Verständnis dieser Unterschiede ist entscheidend, um Konflikte effektiv zu managen.

4. Motivation und Belohnung:

Kultur beeinflusst, was Menschen motiviert und wie sie auf Anreize reagieren.

In einigen Kulturen sind materielle Belohnungen und individuelle Anerkennung wichtig, während in anderen der Fokus auf kollektiven Erfolg und sozialer Anerkennung liegt.

5. Zeitwahrnehmung:

Die Wahrnehmung von Zeit kann kulturell bedingt sehr unterschiedlich sein.

In monochronen Kulturen wird Pünktlichkeit und Zeitplanung hoch geschätzt, während in polychronen Kulturen Flexibilität und der Umgang mit mehreren Aufgaben gleichzeitig üblich sind.

Beispiel:

Ein anschauliches Beispiel für den Einfluss von Kultur auf Verhalten und wie Unternehmen damit umgehen können, ist das globale Beratungsunternehmen Deloitte.

Deloitte hat erkannt, dass kulturelle Sensibilität und das Verständnis von Verhaltensunterschieden entscheidend für den Erfolg seiner internationalen Projekte sind.

Deloitte hat interkulturelle Trainingsprogramme entwickelt, die Mitarbeitern helfen, die Kommunikationsstile, Entscheidungsprozesse und Konfliktlösungsstrategien ihrer internationalen Kollegen zu verstehen. Diese Programme beinhalten Rollenspiele und Fallstudien, die reale Geschäftsszenarien simulieren, um den Teilnehmern ein praktisches Verständnis für die Auswirkungen von Kultur auf Verhalten zu vermitteln.

Ein weiterer wichtiger Aspekt von Deloittes Ansatz ist die Anpassung von Führungs- und Managementpraktiken an die kulturellen Präferenzen der jeweiligen Region. Dies umfasst die Berücksichtigung kultureller Unterschiede bei der Gestaltung von Anreizsystemen und der Kommunikation von Unternehmenszielen.

Durch das gezielte Verständnis und die Integration der kulturellen Einflüsse auf Verhalten konnte Deloitte die Effektivität und Effizienz seiner internationalen Teams steigern.

Dieses Beispiel zeigt, dass ein tiefes Verständnis der kulturellen Einflüsse auf Verhalten entscheidend für den Erfolg in einem multikulturellen Geschäftsumfeld ist.

Kulturelle Sensibilisierung im Arbeitsalltag

Kulturelle Sensibilisierung ist ein kontinuierlicher Prozess, der das Bewusstsein für kulturelle Unterschiede und Gemeinsamkeiten schärft und die interkulturelle Kompetenz der Mitarbeiter fördert. In einer immer globaler werdenden Geschäftswelt ist kulturelle Sensibilisierung nicht nur ein "Nice-to-have", sondern eine Notwendigkeit, um Missverständnisse zu vermeiden, die Zusammenarbeit zu verbessern und eine integrative Arbeitsumgebung zu schaffen.

Praxistipps: Umsetzung kultureller Sensibilisierung

1. Schulungs- und Weiterbildungsprogramme:
Implementieren Sie regelmäßig Schulungen, die sich mit kulturellen Unterschieden und der Entwicklung interkultureller Kompetenzen befassen.
Diese Programme können Workshops, Seminare oder E-Learning-Module umfassen und sollten auf die spezifischen Bedürfnisse der Belegschaft zugeschnitten sein.

2. Mentoring und Austauschprogramme:
Fördern Sie Mentoring-Programme, bei denen Mitarbeiter aus unterschiedlichen kulturellen Hintergründen voneinander lernen können.
Austauschprogramme, bei denen Mitarbeiter vorübergehend in anderen Ländern oder Abteilungen arbeiten, können ebenfalls wertvolle Erfahrungen und Einblicke in andere Kulturen bieten.

3. Kulturelle Veranstaltungen und Feierlichkeiten:
Organisieren Sie regelmäßige kulturelle Veranstaltungen und Feierlichkeiten, die verschiedene Kulturen innerhalb des Unternehmens repräsentieren.

Dies kann Workshops, Kochkurse, Filmabende oder Diskussionen umfassen, die das Verständnis und die Wertschätzung für unterschiedliche Kulturen fördern.

4. Offene Kommunikation fördern:
Schaffen Sie ein Umfeld, in dem offene Kommunikation gefördert wird und Mitarbeiter ermutigt werden, Fragen zu stellen und ihre Erfahrungen zu teilen.

Dies hilft, Missverständnisse zu klären und Barrieren abzubauen.

5. Kulturelle Vermittler ernennen:
Ernennen Sie kulturelle Vermittler oder Botschafter innerhalb des Unternehmens, die als Ansprechpartner für kulturelle Fragen dienen und den interkulturellen Dialog fördern.

Diese Personen können helfen, kulturelle Missverständnisse zu klären und als Brücke zwischen verschiedenen Kulturen fungieren.

Beispiel:
Ein Beispiel für die erfolgreiche Umsetzung kultureller Sensibilisierung ist das globale Pharmaunternehmen GlaxoSmithKline (GSK).

GSK hat ein umfassendes Programm zur kulturellen Sensibilisierung entwickelt, das auf die Förderung eines integrativen und respektvollen Arbeitsumfelds abzielt.

GSK bietet seinen Mitarbeitern regelmäßig interkulturelle Trainings an, die sich auf die spezifischen kulturellen Herausforderungen in den verschiedenen Regionen konzentrieren, in denen das Unternehmen tätig ist.

Darüber hinaus organisiert GSK kulturelle Austauschprogramme, bei denen Mitarbeiter die Möglichkeit haben, in anderen Ländern zu arbeiten und wertvolle Erfahrungen zu sammeln.

Ein weiterer wichtiger Aspekt von GSKs Ansatz ist die Förderung von Vielfalt und Inklusion durch unternehmensweite Initiativen und Kommunikationskampagnen.

Diese Maßnahmen haben dazu beigetragen, das Bewusstsein für kulturelle Unterschiede zu schärfen und eine Kultur des Respekts und der Zusammenarbeit zu fördern.

Durch die konsequente Umsetzung dieser Praxistipps konnte GSK nicht nur die Zusammenarbeit und das Verständnis innerhalb der Belegschaft verbessern, sondern auch seine globale Wettbewerbsfähigkeit stärken. Dieses Beispiel zeigt, dass kulturelle Sensibilisierung ein wichtiger Baustein für den Erfolg in einer multikulturellen Arbeitswelt ist.

Herausforderungen der interkulturellen Zusammenarbeit

Die interkulturelle Zusammenarbeit bietet zahlreiche Chancen, aber auch Herausforderungen, die es zu bewältigen gilt. Unternehmen, die global agieren, müssen sich der potenziellen Stolpersteine bewusst sein, die aus kulturellen Unterschieden resultieren können.
Ein proaktiver Umgang mit diesen Herausforderungen ist entscheidend, um Konflikte zu vermeiden und die Vorteile der kulturellen Vielfalt voll auszuschöpfen.

1. Kommunikationsbarrieren:
Unterschiedliche Sprachen, Dialekte und Kommunikationsstile können Missverständnisse und Fehlinterpretationen verursachen.
Die indirekte Kommunikation in einigen Kulturen kann zu Verwirrung führen, wenn sie auf direkte Kommunikationsstile trifft.

2. Unterschiedliche Arbeitsstile:
Kulturelle Unterschiede in Bezug auf Hierarchie, Teamarbeit und Entscheidungsfindung können zu Spannungen führen.
Während einige Kulturen eine hierarchische Struktur bevorzugen, setzen andere auf flache Hierarchien und kollektive Entscheidungsfindung.

3. Konfliktbewältigung:
Verschiedene Kulturen haben unterschiedliche Ansätze zur Konfliktbewältigung.
Einige bevorzugen eine direkte Auseinandersetzung, während andere Harmonie und indirekte Lösungswege bevorzugen. Diese Unterschiede können die Konfliktlösung erschweren.

4. Zeitmanagement:
Unterschiede in der Zeitwahrnehmung, wie Pünktlichkeit und Priorisierung von Aufgaben, können zu Frustration und Missverständnissen führen.
Monochrone Kulturen legen Wert auf strikte Zeitpläne, während polychrone Kulturen flexibler sind.

5. Werte und Normen:

Unterschiedliche kulturelle Werte und Normen können zu ethischen Dilemmata und Missverständnissen führen.
Was in einer Kultur als akzeptabel gilt, kann in einer anderen als unangemessen wahrgenommen werden.

Beispiel:
Ein Beispiel für die Bewältigung der Herausforderungen der interkulturellen Zusammenarbeit ist das globale Unternehmen Siemens.
Siemens ist in über 200 Ländern tätig und hat eine vielfältige Belegschaft, die aus verschiedenen kulturellen Hintergründen stammt.

Siemens hat erkannt, dass effektive Kommunikation der Schlüssel zur Überwindung kultureller Barrieren ist.
Das Unternehmen hat eine Reihe von Initiativen eingeführt, um die interkulturelle Kommunikation zu verbessern, darunter Sprachkurse, interkulturelle Workshops und virtuelle Plattformen für den Austausch von Informationen und Ideen.

Darüber hinaus fördert Siemens eine flexible Arbeitskultur, die sich an die unterschiedlichen Arbeitsstile und Präferenzen der Mitarbeiter anpasst.
Dies umfasst flexible Arbeitszeiten, die Berücksichtigung unterschiedlicher Feiertage und die Unterstützung von Remote-Arbeit.

Um Konflikte effektiv zu bewältigen, hat Siemens spezielle Trainingsprogramme für Führungskräfte entwickelt, die sich auf interkulturelle Kompetenz und Konfliktlösung konzentrieren. Diese Programme helfen Führungskräften, kulturelle Unterschiede zu verstehen und konstruktive Lösungsansätze zu entwickeln.

Durch die gezielte Bewältigung der Herausforderungen der interkulturellen Zusammenarbeit konnte Siemens nicht nur die interne Zusammenarbeit verbessern, sondern auch seine globale Wettbewerbsfähigkeit stärken.
Dieses Beispiel zeigt, dass ein proaktiver und bewusster Umgang mit kulturellen Unterschieden entscheidend für den Erfolg in einer multikulturellen Geschäftswelt ist.

Chancen der interkulturellen Zusammenarbeit

Die interkulturelle Zusammenarbeit bietet Unternehmen vielfältige Chancen, die über die bloße Überwindung von Herausforderungen hinausgehen.
Durch die Nutzung der kulturellen Vielfalt können Unternehmen Innovationen fördern, neue Märkte erschließen und ihre Wettbewerbsfähigkeit steigern.
Ein bewusster und gezielter Umgang mit der kulturellen Vielfalt kann Unternehmen helfen, diese Chancen zu maximieren.

1. Förderung von Innovation und Kreativität:
Kulturelle Vielfalt bringt verschiedene Perspektiven, Ideen und Lösungsansätze mit sich, die die Innovationsfähigkeit eines Unternehmens stärken können.
Unterschiedliche kulturelle Hintergründe tragen dazu bei, kreative Problemlösungen zu finden und neue Produkte und Dienstleistungen zu entwickeln.

2. Erweiterung der Marktpräsenz:
Unternehmen mit interkulturellen Teams haben einen besseren Zugang zu internationalen Märkten, da sie die Bedürfnisse und Präferenzen lokaler Kunden besser verstehen.
Kulturelles Verständnis erleichtert die Anpassung von Produkten und Dienstleistungen an lokale Gegebenheiten.

3. Verbesserung der Kundenbeziehungen:
Durch interkulturelle Kompetenz können Unternehmen effektivere Beziehungen zu Kunden aus verschiedenen Kulturen aufbauen.
Dies stärkt das Vertrauen und die Loyalität der Kunden und führt zu einer besseren Kundenbindung.

4. Steigerung der Mitarbeiterzufriedenheit:
Eine integrative Arbeitsumgebung, die kulturelle Unterschiede respektiert und wertschätzt, trägt zur Zufriedenheit und Motivation der Mitarbeiter bei.
Dies führt zu einer höheren Mitarbeiterbindung und -produktivität.

5. Stärkung der Unternehmensreputation:

Unternehmen, die kulturelle Vielfalt aktiv fördern, verbessern ihre Reputation auf dem globalen Markt.
Eine positive Wahrnehmung als diversitätsfreundliches Unternehmen kann auch bei der Anwerbung von Talenten einen Wettbewerbsvorteil bieten.

Beispiel:

Ein Beispiel für die erfolgreiche Nutzung der Chancen der interkulturellen Zusammenarbeit ist das weltweit tätige Unternehmen Unilever.
Unilever hat erkannt, dass kulturelle Vielfalt ein wesentlicher Treiber für Innovation und Marktwachstum ist.

Unilever fördert aktiv die Zusammenarbeit von Teams aus verschiedenen kulturellen Hintergründen, indem es Plattformen für den Austausch von Ideen und Erfahrungen schafft.
Diese interkulturellen Teams haben zur Entwicklung innovativer Produkte beigetragen, die auf die spezifischen Bedürfnisse unterschiedlicher Märkte zugeschnitten sind.

Ein besonderes Augenmerk legt Unilever auf die Anpassung seiner Produkte an lokale Geschmäcker und kulturelle Präferenzen.
Durch den Einsatz von Marktforschung und lokaler Expertise konnte das Unternehmen seine Marktpräsenz in Asien, Afrika und Lateinamerika erfolgreich ausbauen.

Darüber hinaus hat Unilever Programme zur Förderung der interkulturellen Kompetenz seiner Mitarbeiter eingeführt.
Diese Programme unterstützen die Mitarbeiter dabei, kulturelle Unterschiede zu verstehen und effektiv zu nutzen, um bessere Geschäftsentscheidungen zu treffen.

Durch die aktive Nutzung der Chancen der interkulturellen Zusammenarbeit hat Unilever nicht nur seine Innovationskraft und Marktposition gestärkt, sondern auch eine Kultur des Respekts und der Zusammenarbeit innerhalb des Unternehmens gefördert.
Dieses Beispiel zeigt, dass interkulturelle Zusammenarbeit ein Schlüssel zum Erfolg in einer globalisierten Wirtschaft ist.

Strategien zur Förderung der interkulturellen Zusammenarbeit

Um das volle Potenzial der interkulturellen Zusammenarbeit auszuschöpfen, müssen Unternehmen Strategien entwickeln, die nicht nur kulturelle Unterschiede überbrücken, sondern auch die Talente und Perspektiven der Mitarbeiter aus verschiedenen kulturellen Hintergründen nutzen.
Dies erfordert ein umfassendes Verständnis der Dynamiken, die in multikulturellen Teams am Werk sind, sowie Maßnahmen, um eine inklusive und produktive Arbeitsumgebung zu schaffen.

Umfassende interkulturelle Trainingsprogramme

Inhalte und Methoden:
Diese Programme sollten tiefgehende Schulungen zur Geschichte, den Werten, Normen und Kommunikationsstilen verschiedener Kulturen beinhalten.
Methoden können Vorträge, Workshops, Simulationen und kulturelle Exkursionen umfassen, um ein breites Spektrum an Lernstilen abzudecken.

Zielgruppen:
Trainings sollten für alle Mitarbeiterebenen verfügbar sein, von Neueinsteigern bis hin zu Führungskräften, um ein gemeinsames Verständnis und eine gemeinsame Basis für interkulturelle Zusammenarbeit zu schaffen.

Förderung von Vielfalt in Teams

Rekrutierung und Teamaufbau:
Bei der Einstellung neuer Mitarbeiter sollte auf eine ausgewogene kulturelle Vielfalt geachtet werden.
Teams sollten bewusst so zusammengestellt werden, dass sie unterschiedliche Perspektiven und Fähigkeiten vereinen.

Teambuilding-Aktivitäten:
Regelmäßige Teambuilding-Events, die kulturelle Vielfalt betonen,2 können dazu beitragen, das Verständnis und den Respekt unter den Teammitgliedern zu fördern.

Entwicklung interkultureller Führungskompetenzen

Führungskräfteschulungen:
Spezielle Programme für Führungskräfte sollten darauf abzielen, interkulturelle Sensibilität und Empathie zu entwickeln. Führungskräfte sollten lernen, wie sie kulturelle Unterschiede als Stärke nutzen können.

Coaching und Feedback:
Führungskräfte sollten regelmäßig Feedback zu ihrer interkulturellen Kompetenz erhalten und durch Coaching unterstützt werden, um ihre Fähigkeiten kontinuierlich zu verbessern.

Einrichtung von Kommunikationsplattformen

Technologie und Tools:
Unternehmen sollten in Technologien investieren, die den Austausch und die Zusammenarbeit über geografische und kulturelle Grenzen hinweg erleichtern.
Dazu gehören Videokonferenztools, soziale Intranets und kollaborative Arbeitsplattformen.

Kommunikationsrichtlinien:
Klare Richtlinien für die Kommunikation sollten etabliert werden, um Missverständnisse zu vermeiden und den Austausch von Informationen zu erleichtern.

Mentoring- und Coaching-Programme:

Interkulturelles Mentoring:
Erfahrene Mitarbeiter aus verschiedenen Kulturen können als Mentoren fungieren, um neue Mitarbeiter in die Unternehmenskultur einzuführen und ihnen bei der Navigation durch kulturelle Unterschiede zu helfen.

Peer-Coaching:
Mitarbeiter können in interkulturellen Peer-Coaching-Programmen voneinander lernen und ihre interkulturelle Kompetenz in einem unterstützenden Umfeld weiterentwickeln.

Entwicklung einer inklusiven Unternehmenskultur:

Unternehmenswerte und -richtlinien:
Eine klare Kommunikation der Unternehmenswerte, die Vielfalt und Inklusion betonen, ist entscheidend.
Diese Werte sollten in allen Aspekten des Geschäftslebens sichtbar und erlebbar sein.

Feierlichkeiten und Anerkennung:
Das Feiern kultureller Feiertage und die Anerkennung kultureller Errungenschaften tragen zur Schaffung eines inklusiven Umfelds bei, in dem sich alle Mitarbeiter wertgeschätzt fühlen.

Beispiel:
Das globale Konsumgüterunternehmen Procter & Gamble (P&G) hat erfolgreich Strategien zur Förderung der interkulturellen Zusammenarbeit implementiert.
P&G legt großen Wert auf Vielfalt und Inklusion als zentrale Komponenten seiner Unternehmensstrategie.

Interkulturelle Trainingsprogramme bei P&G umfassen umfassende Schulungen zu den kulturellen Besonderheiten der Märkte, in denen das Unternehmen tätig ist.
Diese Schulungen sind integraler Bestandteil der Mitarbeiterentwicklung und werden regelmäßig aktualisiert, um den sich ändernden globalen Dynamiken Rechnung zu tragen.

Förderung von Vielfalt in Teams ist ein weiteres wichtiges Element der Strategie von P&G.
Das Unternehmen setzt auf diverse Teams, um innovative Ideen zu fördern und bessere Geschäftsergebnisse zu erzielen.
Diese Teams arbeiten an Projekten, die speziell auf die Bedürfnisse und Präferenzen lokaler Märkte zugeschnitten sind.

Führungskräfte bei P&G werden durch spezifische
Leadership-Programme geschult, die darauf abzielen, interkulturelle Kompetenz und Führungsqualitäten in einem globalen Kontext zu entwickeln.
Diese Programme helfen den Führungskräften, kulturelle Unterschiede effektiv zu managen und ihre Teams zu inspirieren.

Durch die Implementierung dieser Strategien hat P&G nicht nur die interne

Zusammenarbeit und Innovation gefördert, sondern auch seine globale Marktposition gestärkt.

Kapitel 2
Werte, Normen und Stereotype

Werte, Normen und Stereotype

Werte und Werteprinzipien

Werte sind grundlegende Überzeugungen, die das Denken, Verhalten und die Entscheidungen von Individuen und Gruppen leiten.
Sie sind tief in der Kultur verwurzelt und beeinflussen, wie Menschen ihre Umwelt wahrnehmen und mit ihr interagieren.
In der interkulturellen Zusammenarbeit ist das Verständnis von Werten essenziell, da sie oft der Ursprung von Missverständnissen und Konflikten sind.

Definition von Werten:

Werte sind dauerhafte Überzeugungen, die bestimmte Verhaltensweisen oder Lebensziele als wünschenswert oder wertvoll erachten.
Sie dienen als Leitlinien für das Verhalten und die Entscheidungsfindung von Individuen und Gruppen.

Werteprinzipien:

Universalismus vs. Partikularismus:
Universalismus betont allgemeingültige Regeln und Prinzipien, während Partikularismus den Kontext und die individuellen Umstände berücksichtigt.
Diese Prinzipien beeinflussen, wie Menschen Gerechtigkeit, Fairness und Beziehungen betrachten.

Individualismus vs. Kollektivismus:
Individualistische Kulturen legen Wert auf persönliche Unabhängigkeit und individuelle Erfolge, während kollektivistische Kulturen das Gemeinwohl und die Gruppenzugehörigkeit betonen.

Neutralität vs. Emotionalität:
In neutralen Kulturen wird Zurückhaltung und Kontrolle der Emotionen geschätzt, während in emotionalen Kulturen der offene Ausdruck von Gefühlen akzeptiert und gefördert wird.

Leistungsorientierung vs. Beziehungsorientierung:
Leistungsorientierte Kulturen fokussieren sich auf Ergebnisse und Effizienz, während beziehungsorientierte Kulturen den Aufbau und die Pflege von Beziehungen in den Vordergrund stellen.

Zukunftsorientierung vs. Gegenwartsorientierung:
Zukunftsorientierte Kulturen legen Wert auf Planung und langfristige Ziele, während gegenwartsorientierte Kulturen den Fokus auf aktuelle Erfahrungen und Ereignisse legen.

Bedeutung von Werten in der interkulturellen Zusammenarbeit

Das Verständnis der Werte, die in verschiedenen Kulturen vorherrschen, ist entscheidend, um interkulturelle Beziehungen zu stärken und Missverständnisse zu vermeiden.
Werte beeinflussen die Erwartungen und das Verhalten von Individuen in beruflichen und sozialen Kontexten.
Ein Bewusstsein für diese Unterschiede hilft, kulturell sensible Strategien zu entwickeln und effektiv in multikulturellen Teams zu arbeiten.

Beispiel:
Ein Beispiel für die Berücksichtigung von Werten in der internationalen Zusammenarbeit ist das Automobilunternehmen Toyota.
Toyota ist bekannt für seine Unternehmenskultur, die stark von japanischen Werten wie Respekt, Teamarbeit und kontinuierlicher Verbesserung geprägt ist.

Toyota hat erfolgreich Strategien entwickelt, um diese Werte in seine internationalen Niederlassungen zu integrieren.
Dazu gehört die Förderung einer Unternehmenskultur, die sowohl lokale als auch globale Werte berücksichtigt.
In den USA legt Toyota beispielsweise Wert auf individuelle Leistung und Innovation, während in Japan der Fokus stärker auf Teamarbeit und Prozessoptimierung liegt.

Durch die Berücksichtigung unterschiedlicher Werte hat Toyota eine Arbeitsumgebung geschaffen, die kulturelle Vielfalt respektiert und nutzt.
Dies hat nicht nur zu einer verbesserten Mitarbeiterzufriedenheit geführt, sondern auch die globale Wettbewerbsfähigkeit des Unternehmens

gestärkt.

Dieses Beispiel zeigt, dass das Verständnis und die Integration von Werten ein entscheidender Faktor für den Erfolg in der interkulturellen Zusammenarbeit sind.

Werteprinzipien in unterschiedlichen Kulturen

In der globalen Geschäftswelt sind Werteprinzipien unerlässlich, um effektive und respektvolle Interaktionen zwischen Menschen aus verschiedenen kulturellen Hintergründen zu gewährleisten. Diese Prinzipien prägen die Art und Weise, wie Individuen und Organisationen kommunizieren, Entscheidungen treffen und Konflikte lösen.

Ein tiefes Verständnis dieser Prinzipien ist entscheidend für den Erfolg in der internationalen Zusammenarbeit.

Universalismus vs. Partikularismus:

Universalismus:
Kulturen, die universalistisch orientiert sind, wie in Skandinavien und den USA, betonen die Anwendung universeller Regeln und Standards.
Entscheidungen basieren auf objektiven Kriterien und es wird erwartet, dass die Gesetze für alle gleich gelten.

Partikularismus:
In partikularistischen Kulturen, wie in China und Russland, ist der Kontext entscheidend.
Persönliche Beziehungen und individuelle Umstände spielen eine zentrale Rolle bei der Entscheidungsfindung.
Regeln können flexibel interpretiert werden, um den spezifischen Gegebenheiten gerecht zu werden.

Individualismus vs. Kollektivismus:

Individualismus:
In individualistischen Gesellschaften, wie in den USA und Australien, steht das Individuum im Mittelpunkt.
Eigeninitiative und persönliche Errungenschaften werden hoch geschätzt.
Entscheidungen werden oft auf persönlicher Ebene getroffen.

Kollektivismus:
In kollektivistischen Kulturen, wie in Japan und Mexiko, hat das Wohl der Gruppe Vorrang vor individuellen Interessen. Entscheidungen werden oft im Konsens getroffen, um die Harmonie innerhalb der Gruppe zu bewahren.

Neutralität vs. Emotionalität:

Neutralität:
Kulturen, die Neutralität bevorzugen, wie Deutschland und Großbritannien, schätzen die Kontrolle über Emotionen. Professionelles Verhalten ist durch Sachlichkeit und Zurückhaltung gekennzeichnet.

Emotionalität:
In emotionalen Kulturen, wie in Italien und Brasilien, ist der freie Ausdruck von Gefühlen akzeptiert und oft ein wesentlicher Bestandteil der Kommunikation.
Emotionen werden als authentisch und verbindend gesehen.

Leistungsorientierung vs. Beziehungsorientierung:

Leistungsorientierung:
In leistungsorientierten Kulturen, wie in den USA und der Schweiz, werden Effizienz und Ergebnisse hoch bewertet.
Der Erfolg wird durch messbare Leistungen und Zielerreichung definiert.

Beziehungsorientierung:
In beziehungsorientierten Kulturen, wie in Indien und Saudi-Arabien, sind persönliche Beziehungen und Vertrauen die Grundlage für geschäftlichen Erfolg.
Der Aufbau und die Pflege von Netzwerken sind entscheidend.

Zukunftsorientierung vs. Gegenwartsorientierung:

Zukunftsorientierung:
Kulturen wie Japan und die Niederlande legen großen Wert auf Planung und zukunftsorientiertes Denken.
Langfristige Strategien und Investitionen sind zentral.

Gegenwartsorientierung:
In Kulturen wie Nigeria und Argentinien wird der Fokus auf das Erleben des Augenblicks gelegt.
Entscheidungen werden oft auf der Grundlage aktueller Bedürfnisse und Chancen getroffen.

Praxistipp: Werteworkshops zur Förderung des gegenseitigen Verständnisses

Um das gegenseitige Verständnis in multikulturellen Teams zu fördern, sind Werteworkshops ein effektives Instrument. Diese Workshops bieten die Möglichkeit, kulturelle Unterschiede zu erkunden, Stereotype abzubauen und gemeinsame Werte zu identifizieren, die als Grundlage für eine erfolgreiche Zusammenarbeit dienen können.

Ziele von Werteworkshops:

Bewusstsein schaffen:
Teilnehmer sollen ein Bewusstsein für die eigenen kulturellen Werte und die ihrer Kollegen entwickeln.
Dies hilft, Missverständnisse zu vermeiden und Respekt zu fördern.

Kommunikationsfähigkeiten verbessern:
Durch Rollenspiele und Simulationen lernen die Teilnehmer, effektiver über kulturelle Grenzen hinweg zu kommunizieren und Konflikte zu lösen.

Gemeinsame Werte identifizieren:
Der Workshop sollte darauf abzielen, gemeinsame Werte zu finden, die als Grundlage für die Zusammenarbeit dienen können, unabhängig von kulturellen Unterschieden.

Best Practices für die Durchführung von Werteworkshops:

Diversität der Teilnehmer:
Es sollte darauf geachtet werden, dass die Teilnehmer aus verschiedenen kulturellen Hintergründen stammen, um eine breite Perspektive zu gewährleisten.

Interaktive Methoden:
Einsatz von interaktiven Methoden wie Gruppenarbeiten, Diskussionen und Fallstudien, um einen aktiven Austausch zu fördern.

Erfahrene Moderatoren:
Workshops sollten von erfahrenen Moderatoren geleitet werden, die über fundiertes Wissen in interkultureller Kommunikation und Konfliktlösung verfügen.

Beispiel:
Ein weltweit tätiges Beratungsunternehmen führte regelmäßig Werteworkshops für seine internationalen Teams durch.
Diese Workshops halfen, kulturelle Vorurteile abzubauen und das Verständnis für unterschiedliche Arbeitsstile zu fördern. Durch die Identifikation gemeinsamer Ziele und Werte konnten die Teams effektiver zusammenarbeiten und ihre Projektziele erfolgreicher erreichen.

Durch die Implementierung von Werteworkshops können Unternehmen nicht nur das interkulturelle Verständnis und die Zusammenarbeit verbessern, sondern auch die Zufriedenheit und Motivation der Mitarbeiter steigern.
Diese Workshops sind ein wesentlicher Schritt zur Schaffung einer inklusiven und produktiven Arbeitsumgebung, die kulturelle Vielfalt als Stärke betrachtet.

Normen und kulturelle Erwartungen

Was sind Normen

Normen sind die in einer Gesellschaft oder Gruppe akzeptierten Verhaltensregeln und Erwartungen, die das Handeln und die Interaktionen der Mitglieder leiten.

Sie sind grundlegende Bestandteile jeder Kultur und dienen als unsichtbare Richtlinien, die das Verhalten von Individuen in sozialen und beruflichen Kontexten beeinflussen.

Normen können in formellen und informellen Strukturen existieren und sind oft ungeschrieben, aber dennoch weithin verstanden und akzeptiert.

Eigenschaften von Normen

Kulturell spezifisch:
Normen sind tief in der jeweiligen Kultur verankert und variieren stark zwischen verschiedenen Gesellschaften.

Was in einer Kultur als angemessen gilt, kann in einer anderen als unhöflich oder unangebracht angesehen werden.

Dynamisch:
Obwohl Normen in der Regel stabil sind, können sie sich über die Zeit hinweg entwickeln, insbesondere in Reaktion auf gesellschaftliche Veränderungen, technologische Fortschritte oder externe Einflüsse.

Regulierend:
Normen dienen als soziale Kontrolle, indem sie das Verhalten innerhalb der Gruppe regulieren und sicherstellen, dass es mit den Erwartungen und Werten der Gemeinschaft übereinstimmt.

Sozialisiert:
Individuen lernen Normen durch Sozialisation, sei es durch Familie, Bildungssysteme, Medien oder direkte Interaktionen innerhalb der Gemeinschaft.

<u>Beispiele für Normen</u>

Höflichkeitsformen:
In vielen westlichen Kulturen gilt es als Norm, sich beim Betreten eines Raumes zu begrüßen oder sich beim Verlassen zu verabschieden.

Kleiderordnung:
In geschäftlichen Umgebungen kann es Normen für die Kleiderordnung geben, die von formeller Kleidung bis zu „Business Casual" reichen.

Kommunikationsstil:
Der direkte oder indirekte Kommunikationsstil kann stark von kulturellen Normen beeinflusst sein. In einigen Kulturen wird direkter Augenkontakt als Zeichen von Ehrlichkeit gewertet, während er in anderen als respektlos gelten kann.

Wie Normen das Verhalten in Unternehmen steuern

In Unternehmen spielen Normen eine entscheidende Rolle bei der Gestaltung der Unternehmenskultur und beeinflussen, wie Mitarbeiter miteinander interagieren, Entscheidungen treffen und ihre Arbeit ausführen.
Sie schaffen ein gemeinsames Verständnis von „wie Dinge gemacht werden" und tragen zur Kohärenz und Effizienz innerhalb der Organisation bei.

<u>Einfluss von Normen auf das Unternehmensverhalten</u>

Arbeitsbeziehungen:
Normen bestimmen oft, wie formell oder informell die Beziehungen zwischen Kollegen, Vorgesetzten und Untergebenen sind.
In Kulturen mit einer hohen Machtdistanz werden Hierarchien stark respektiert, während in egalitäreren Kulturen flache Hierarchien und informelle Kommunikation gefördert werden.

Entscheidungsprozesse:
In Unternehmen beeinflussen Normen, wie Entscheidungen getroffen werden.
In kollektivistischen Kulturen wird oft ein konsensorientierter Ansatz verfolgt, während in individualistischen Kulturen Entscheidungen eher von Einzelpersonen oder kleinen Gruppen getroffen werden.

Konfliktlösung:
Normen legen fest, wie mit Konflikten umgegangen wird.
In einigen Kulturen wird offener Konflikt vermieden und eher auf indirekte Weise gelöst, während in anderen Kulturen direkte und offene Diskussionen bevorzugt werden.

Leistungserwartungen:
Normen definieren, was als „gute Leistung" gilt und welche Verhaltensweisen belohnt oder sanktioniert werden.
Sie können die Motivation der Mitarbeiter erheblich beeinflussen, indem sie klare Erwartungen und Anreize setzen.

Beispiel:
Ein internationales Unternehmen mit Niederlassungen in den USA und Japan kann sehr unterschiedliche Normen erleben.
In den USA könnten Normen eine offene und direkte Kommunikation fördern, wobei Innovation und individuelle Leistungen im Vordergrund stehen.
In Japan hingegen könnten Normen Wert auf Harmonie, Teamarbeit und Konsens legen, wobei die Entscheidungsfindung oft länger dauert, um sicherzustellen, dass alle Beteiligten einverstanden sind.

Um die Effektivität in einem multinationalen Unternehmen zu steigern, ist es wichtig, sowohl die globalen als auch die lokalen Normen zu verstehen und zu respektieren.
Dies erfordert eine bewusste Anstrengung, um kulturelle Unterschiede zu erkennen und zu integrieren, was letztlich zu einer stärkeren, vielfältigeren und erfolgreicheren Organisation führt.

Praxistipp: Leitfäden zur Einhaltung und Anpassung von Normen

In einer zunehmend globalisierten Geschäftswelt ist es für Unternehmen entscheidend, Leitfäden zu entwickeln, die die Einhaltung und Anpassung von Normen in verschiedenen kulturellen Kontexten unterstützen.
Solche Leitfäden helfen nicht nur dabei, Missverständnisse und Konflikte zu vermeiden, sondern fördern auch eine effektive und respektvolle Zusammenarbeit in multikulturellen Teams.
Hier sind einige bewährte Ansätze zur Erstellung und Implementierung solcher Leitfäden.

Ziele von Normen-Leitfäden

Klarheit schaffen:
Ein Leitfaden sollte klare Informationen darüber bieten, welche Verhaltensnormen in der Organisation und in den spezifischen kulturellen Kontexten gelten.

Bewusstsein fördern:
Mitarbeiter sollen für die Bedeutung von Normen sensibilisiert werden und verstehen, wie diese das Verhalten und die Erwartungen innerhalb des Unternehmens steuern.

Flexibilität und Anpassung:
Der Leitfaden sollte Raum für kulturelle Anpassungen lassen und betonen, dass Flexibilität im Umgang mit Normen essenziell ist, um den Bedürfnissen und Erwartungen verschiedener Kulturen gerecht zu werden.

Komponenten eines effektiven Normen-Leitfadens

Einführung in kulturelle Normen:

Definition und Bedeutung:
Erklären, was Normen sind und warum sie wichtig sind, insbesondere in einem internationalen Geschäftskontext.

Kulturelle Unterschiede:
Beschreiben, wie Normen zwischen verschiedenen Kulturen variieren können und Beispiele für häufige Unterschiede geben.

Unternehmensspezifische Normen:

Verhaltensrichtlinien:
Detaillierte Beschreibung der spezifischen Verhaltensnormen, die innerhalb des Unternehmens gelten, wie z.B. Kommunikationsstile, Dresscodes und Hierarchien.

Erwartungen an Mitarbeiter:
Klar definieren, welche Erwartungen an das Verhalten der Mitarbeiter in verschiedenen kulturellen Umgebungen bestehen.

Anpassung an lokale Kontexte:

Lokale Besonderheiten:
Informationen über spezifische kulturelle Normen in den Ländern, in denen das Unternehmen tätig ist, bereitstellen.

Flexibilität bei der Anwendung:
Leiten Sie dazu an, wie Normen an lokale Gegebenheiten angepasst werden können, ohne die Unternehmenswerte zu kompromittieren.

Schulungs- und Unterstützungsprogramme:

Trainingsmodule:
Entwicklung von Schulungsprogrammen, die Mitarbeitern helfen, Normen zu verstehen und in der Praxis anzuwenden.

Ressourcen und Unterstützung:
Bereitstellung von Materialien und Ansprechpartnern, die bei Fragen oder Unsicherheiten bezüglich der Einhaltung von Normen helfen können.

Feedback- und Überprüfungssysteme:

Feedbackmechanismen:
Etablieren von Kanälen, über die Mitarbeiter Rückmeldungen zu den Normen geben können.

Regelmäßige Überprüfung:
Der Leitfaden sollte regelmäßig überprüft und aktualisiert werden, um sicherzustellen, dass er den aktuellen kulturellen und geschäftlichen Anforderungen entspricht.

Beispiel:
Ein global tätiges Technologieunternehmen, das Niederlassungen in Europa, Asien und Amerika hat, implementierte erfolgreich einen umfassenden Normen-Leitfaden. Der Leitfaden enthielt spezifische Module für jede Region, die kulturelle Besonderheiten und spezifische Verhaltensrichtlinien abdeckten.

Zusätzlich wurden regelmäßige interaktive Trainingssessions durchgeführt, um die Mitarbeiter mit den Normen vertraut zu machen und ihnen zu helfen, diese in ihrer täglichen Arbeit anzuwenden. Durch die Etablierung von Ansprechpartnern in jeder Region, die bei Fragen und Unsicherheiten unterstützten, konnte das Unternehmen sicherstellen, dass die Mitarbeiter die Normen nicht nur kannten, sondern auch verstanden und respektierten.

Die Implementierung dieses Leitfadens führte zu einer deutlichen Verbesserung der interkulturellen Kommunikation und Zusammenarbeit innerhalb des Unternehmens. Die Mitarbeiter fühlten sich sicherer im Umgang mit kulturellen Unterschieden, was zu einer stärkeren Teamkohäsion und einem produktiveren Arbeitsumfeld beitrug.

Durch das Schaffen klarer Richtlinien und die Förderung eines offenen Dialogs über kulturelle Normen können Unternehmen eine inklusive und respektvolle Unternehmenskultur entwickeln, die Vielfalt als Stärke nutzt und den globalen Geschäftserfolg unterstützt.

Stereotype und Vorurteile

Erkennen und Verstehen von Stereotypen

Stereotype sind vereinfachte und oft übertriebene Vorstellungen über die Eigenschaften oder Verhaltensweisen einer bestimmten Gruppe von Menschen.
Sie entstehen aus der Tendenz, komplexe soziale Informationen zu vereinfachen und können sowohl positive als auch negative Aspekte umfassen.
Stereotype sind tief in den kulturellen Narrativen verwurzelt und beeinflussen die Wahrnehmung und Interaktion zwischen Individuen und Gruppen.

Merkmale von Stereotypen

Verallgemeinerung:
Stereotype basieren oft auf der Verallgemeinerung der Eigenschaften einer kleinen Anzahl von Individuen auf eine gesamte Gruppe.

Unbewusste Entstehung:
Viele Stereotype entstehen unbewusst durch Sozialisation, Medienberichterstattung und kulturelle Prägungen.

Beständigkeit:
Sie sind oft resistent gegen Veränderungen, selbst wenn gegenteilige Beweise vorliegen, und können über Generationen hinweg bestehen bleiben.

Einfluss auf Wahrnehmung:
Stereotype beeinflussen die Art und Weise, wie wir andere Menschen wahrnehmen und wie wir mit ihnen interagieren.
Sie können zu voreingenommenen Urteilen und diskriminierenden Verhaltensweisen führen.

Strategien zur Überwindung von Vorurteilen

Vorurteile sind negative Einstellungen oder Gefühle gegenüber einer Person oder Gruppe, die oft auf Stereotypen basieren.
Sie können zu Diskriminierung und sozialer Ungerechtigkeit führen.
Es ist entscheidend, Strategien zu entwickeln, um Vorurteile zu erkennen und zu überwinden, insbesondere in einem multikulturellen Umfeld.

Strategie Beispiele zur Überwindung von Vorurteilen

Reflexion und Selbstbewusstsein:
Sich der eigenen Vorurteile bewusst werden und deren Ursprung reflektieren.
Dies kann durch Selbstbeobachtung und ehrliches Feedback von anderen erreicht werden.

Bildung und Aufklärung:
Bildung ist ein zentraler Faktor zur Überwindung von Vorurteilen. Durch das Lernen über andere Kulturen, Geschichten und Perspektiven können bestehende Stereotype hinterfragt und abgebaut werden.

Interkulturelle Interaktionen fördern:
Direkte Interaktionen mit Menschen aus verschiedenen kulturellen Hintergründen helfen, Vorurteile abzubauen.
Solche Interaktionen sollten in einem respektvollen und kooperativen Umfeld stattfinden.

Empathie entwickeln:
Die Fähigkeit, sich in die Lage anderer zu versetzen und ihre Perspektiven zu verstehen, kann helfen, Vorurteile zu reduzieren.
Geschichten und Erfahrungen aus der Sicht anderer zu hören, fördert das Verständnis und die Akzeptanz.

Vielfalt in Teams fördern:
In einem vielfältigen Arbeitsumfeld können Menschen mit unterschiedlichen Hintergründen zusammenarbeiten.
Dies fördert das Verständnis und den Respekt für unterschiedliche Perspektiven und trägt dazu bei, Vorurteile abzubauen.

Praxistipp: Übungen zur Sensibilisierung gegenüber Stereotypen

Um Stereotype zu erkennen und zu überwinden, können gezielte Übungen in Workshops oder Schulungen durchgeführt werden. Diese Übungen sollen das Bewusstsein für unbewusste Vorurteile schärfen und den Umgang mit Vielfalt fördern.

Beispiele für Übungen zur Sensibilisierung

Blind Spot Übung:
Teilnehmer erstellen eine Liste von Stereotypen, die sie kennen, und reflektieren, wie diese ihr Verhalten beeinflussen könnten. Dies hilft, unbewusste Vorurteile zu erkennen.

Rollenspiele:
In Rollenspielen können Teilnehmer verschiedene Perspektiven einnehmen, um die Herausforderungen und Erfahrungen anderer Kulturen besser zu verstehen.

Perspektivenwechsel:
Eine Übung, bei der Teilnehmer gebeten werden, eine Situation aus der Sicht einer Person aus einer anderen Kultur oder mit einem anderen Hintergrund zu betrachten.

Bias Training:
Workshops, die sich gezielt mit unbewussten Vorurteilen beschäftigen und Techniken zur Reduzierung dieser Vorurteile vermitteln.

Beispiel:
Ein international tätiges Unternehmen führte regelmäßig Sensibilisierungsworkshops für seine Mitarbeiter durch. Eine der erfolgreichsten Übungen war das *„Kulturelle Austauschprojekt", bei dem* Mitarbeiter aus verschiedenen Ländern Präsentationen über ihre Heimatkulturen hielten. Dies förderte nicht nur das kulturelle Verständnis, sondern half auch, Stereotype zu hinterfragen und abzubauen.

Durch die Implementierung solcher Übungen können Unternehmen ein inklusives Arbeitsumfeld schaffen, das Vielfalt wertschätzt und nutzt. Solche Initiativen tragen dazu bei, die Zusammenarbeit und das Verständnis innerhalb globaler Teams zu stärken und Vorurteile abzubauen.

Kapitel 3
Konzepte der Kulturalität

Konzepte der Kulturalität

Multikulturalität

Multikulturalität bezieht sich auf das gleichzeitige Vorhandensein und die Koexistenz mehrerer Kulturen innerhalb einer Gesellschaft, eines Unternehmens oder einer Organisation.

Ein multikulturelles Umfeld ist geprägt von einer Vielzahl kultureller Ausdrucksformen, Traditionen, Sprachen und Glaubensrichtungen, die alle nebeneinander existieren und interagieren.

Multikulturalität fördert den kulturellen Austausch und bereichert die soziale und wirtschaftliche Dynamik durch die Vielfalt der Perspektiven und Erfahrungen.

Definition von Multikulturalität:

Multikulturalität beschreibt das Vorhandensein und die Akzeptanz verschiedener kultureller Gruppen innerhalb einer Gesellschaft oder Organisation.

Sie umfasst sowohl die Anerkennung als auch die Wertschätzung dieser kulturellen Unterschiede.

Multikulturalität zielt darauf ab, ein Umfeld zu schaffen, in dem kulturelle Vielfalt als Stärke betrachtet wird und in dem verschiedene kulturelle Identitäten respektiert und gefördert werden.

Kernmerkmale der Multikulturalität:
Kulturelle Vielfalt: Das Vorhandensein verschiedener kultureller Gruppen mit ihren eigenen Traditionen, Sprachen und Werten.

Interkultureller Austausch:
Die Möglichkeit und Förderung des Austauschs und der Interaktion zwischen den verschiedenen Kulturen, was zu einem besseren Verständnis und einer breiteren Perspektive beiträgt.

Inklusion und Gleichberechtigung:
Die Anerkennung und Wertschätzung aller kulturellen Gruppen, wobei keine Gruppe bevorzugt oder diskriminiert wird.

Beispiele für Multikulturalität

Städte:
Städte wie New York, London und Toronto sind klassische Beispiele für multikulturelle Umgebungen.
Diese Städte sind Heimat für Menschen aus der ganzen Welt und bieten ein reiches Mosaik an Kulturen, Sprachen und kulinarischen Traditionen.

Bildungseinrichtungen:
Universitäten, die Studierende aus verschiedenen Ländern aufnehmen, fördern eine multikulturelle Lernumgebung.
Diese Vielfalt bereichert die akademische Erfahrung und fördert den interkulturellen Dialog.

Unternehmen:
Multinationale Konzerne wie Google oder Microsoft arbeiten mit multikulturellen Teams, die aus Fachleuten aus der ganzen Welt bestehen.
Diese Unternehmen profitieren von der Vielfalt der Ideen und Perspektiven, die multikulturelle Teams mitbringen.

Gemeinschaftsereignisse:
Kulturelle Festivals, die die Traditionen und Künste verschiedener Kulturen feiern, sind Ausdruck von Multikulturalität.
Solche Veranstaltungen fördern das Verständnis und die Wertschätzung verschiedener kultureller Ausdrucksformen.

Beispiel:
Ein Beispiel für Multikulturalität in der Geschäftswelt ist das Modell der inklusiven Führung bei Procter & Gamble (P&G). P&G hat sich verpflichtet, ein Arbeitsumfeld zu schaffen, das kulturelle Vielfalt und Inklusion fördert. Das Unternehmen führt regelmäßige Schulungen und Workshops durch, um das interkulturelle Verständnis und die Zusammenarbeit zu verbessern.

Durch die Anerkennung und Förderung der Vielfalt seiner Belegschaft kann P&G innovative Lösungen entwickeln und auf die Bedürfnisse eines globalen Marktes reagieren.
Diese multikulturelle Herangehensweise hat zu einer stärkeren Marktpräsenz und einem erfolgreichen internationalen Geschäftsbetrieb beigetragen.

Multikulturalität bietet nicht nur Chancen für sozialen und wirtschaftlichen Fortschritt, sondern fördert auch ein tiefes Verständnis und eine Wertschätzung der menschlichen Vielfalt.
In einer globalisierten Welt ist die Fähigkeit, in multikulturellen Umgebungen effektiv zu agieren, eine essenzielle Kompetenz für Individuen und Organisationen.

Vor- und Nachteile in Unternehmen

Die Integration von Multikulturalität in Unternehmen bringt eine Vielzahl von Vorteilen, aber auch Herausforderungen mit sich.
Das Verständnis dieser Vor- und Nachteile ist entscheidend für die erfolgreiche Verwaltung und Nutzung kultureller Vielfalt in einem geschäftlichen Umfeld.

Vorteile der Multikulturalität in Unternehmen:

Innovationskraft und Kreativität

Vielfalt der Perspektiven:
Multikulturelle Teams bringen unterschiedliche Denkweisen und Erfahrungen ein, was zu innovativen Lösungen und kreativen Ansätzen führt.

Problemlösungsfähigkeit:
Die Vielfalt der Ansichten und Herangehensweisen ermöglicht es, komplexe Probleme aus verschiedenen Blickwinkeln zu betrachten und effektivere Lösungen zu finden.

Marktzugang und Kundenverständnis

Globale Reichweite:
Unternehmen mit multikulturellen Teams können besser auf internationale Märkte zugreifen und deren spezifische Bedürfnisse und Erwartungen verstehen.

Kulturelle Sensibilität:
Ein tieferes Verständnis für kulturelle Unterschiede verbessert die Kundenbeziehungen und fördert die Entwicklung maßgeschneiderter Marketingstrategien.

Talentrekrutierung und -bindung

Attraktivität als Arbeitgeber:
Unternehmen, die Vielfalt fördern, sind oft attraktiver für Talente aus der ganzen Welt, da sie eine offene und inklusive Arbeitsumgebung bieten.

Mitarbeiterzufriedenheit:
Mitarbeiter, die sich in ihrer kulturellen Identität respektiert und anerkannt fühlen, sind tendenziell zufriedener und engagierter.

Reputation und Unternehmensimage

Corporate Social Responsibility:
Die Förderung von Vielfalt und Inklusion trägt zu einem positiven Unternehmensimage bei und stärkt die gesellschaftliche Verantwortung des Unternehmens.

Nachteile und Herausforderungen der Multikulturalität in Unternehmen

Kommunikationsbarrieren

Sprachliche Hürden:
Unterschiede in der Sprache und im Kommunikationsstil können zu Missverständnissen und ineffektiver Zusammenarbeit führen.

Kulturelle Missverständnisse:
Ohne angemessene Schulungen und Sensibilisierung können kulturelle Unterschiede zu Konflikten und Spannungen im Team führen.

Konfliktpotential

Unterschiedliche Erwartungen und Arbeitsstile:
Kulturelle Unterschiede in Bezug auf Hierarchien, Entscheidungsprozesse und Zeitmanagement können zu Konflikten führen.

Widerstand gegen Veränderungen:
Mitarbeiter können sich gegen die Integration neuer kultureller Praktiken und Perspektiven wehren, insbesondere wenn diese von etablierten Normen abweichen.

Komplexität der Teamdynamik

Koordination und Management:
Multikulturelle Teams erfordern ein höheres Maß an Koordination und Management, um effektiv zu arbeiten.

Ungleichheit und Inklusion:
Es besteht die Gefahr, dass bestimmte kulturelle Gruppen bevorzugt oder benachteiligt werden, was zu Ungleichheit und Exklusion führen kann.

Beispiel:
Ein multinationales Unternehmen in der Technologiebranche erkannte die Notwendigkeit, die Vorteile der Multikulturalität zu maximieren und gleichzeitig die Herausforderungen zu bewältigen.
Es implementierte ein umfassendes Programm zur interkulturellen Kompetenzentwicklung, das Schulungen, Mentoring und Teambuilding-Aktivitäten umfasste.

Durch die Förderung einer offenen Kommunikationskultur und die Bereitstellung von Plattformen für den kulturellen Austausch konnte das Unternehmen die Innovationskraft seiner multikulturellen Teams steigern und gleichzeitig die Mitarbeiterzufriedenheit verbessern.
Die Herausforderungen wurden durch gezielte Maßnahmen zur Konfliktlösung und zur Förderung der Inklusion angegangen.

Zusammenfassend lässt sich sagen, dass die Vorteile der Multikulturalität in Unternehmen die Herausforderungen bei weitem überwiegen können, wenn sie richtig angegangen werden. Durch den bewussten Einsatz von Strategien zur Förderung der Vielfalt und Inklusion können Unternehmen nicht nur ihre Wettbewerbsfähigkeit steigern, sondern auch eine starke, integrative Unternehmenskultur aufbauen.

Praxistipp: Multikulturelle Teams effektiv managen

Das effektive Management multikultureller Teams ist eine wesentliche Kompetenz in der heutigen globalisierten Geschäftswelt. Es erfordert ein tiefes Verständnis für kulturelle Unterschiede sowie Strategien, die die Stärken der Vielfalt nutzen und potenzielle Herausforderungen bewältigen. Hier sind einige praxisnahe Tipps, um multikulturelle Teams erfolgreich zu führen:

Kulturelles Bewusstsein und Sensibilisierung fördern:

Schulungen anbieten:
Implementieren Sie regelmäßige Schulungsprogramme zur interkulturellen Kompetenz, die den Teammitgliedern helfen, kulturelle Unterschiede zu verstehen und zu respektieren.

Kulturelle Austauschinitiativen:
Ermutigen Sie Teammitglieder, ihre kulturellen Hintergründe und Traditionen zu teilen, um das Verständnis und die Wertschätzung für Vielfalt zu erhöhen.

Effektive Kommunikation sicherstellen

Klare Kommunikationsrichtlinien:
Etablieren Sie klare Kommunikationsstandards, die Missverständnisse minimieren und sicherstellen, dass alle Teammitglieder ihre Ideen und Bedenken offen äußern können.

Sprachunterstützung biete:
Nutzen Sie Übersetzungstools oder bieten Sie Sprachkurse an, um Sprachbarrieren zu überwinden.

Inklusive Führung und Entscheidungsfindung

Vielfalt in Entscheidungsprozesse einbeziehen:
Stellen Sie sicher, dass alle Teammitglieder in Entscheidungsprozesse einbezogen werden und ihre Perspektiven berücksichtigen.

Feedback-Kultur etablieren:
Fördern Sie eine offene Feedback-Kultur, in der Teammitglieder ihre Meinungen äußern und sich gegenseitig unterstützen können.

Teambuilding und Vertrauen aufbauen:

Regelmäßige Teambuilding-Aktivitäten:
Organisieren Sie Aktivitäten, die das Vertrauen und die Zusammenarbeit innerhalb des Teams stärken.

Mentoring und Peer-Support:
Implementieren Sie Mentoring-Programme, die den Austausch von Wissen und Erfahrungen fördern.

Konfliktmanagement und Flexibilität:

Konfliktlösungsmechanismen etablieren:
Entwickeln Sie klare Verfahren zur Konfliktlösung, die kulturelle Sensibilität und Fairness gewährleisten.

Flexibilität und Anpassungsfähigkeit fördern:
Ermutigen Sie Teammitglieder, flexible Ansätze zu entwickeln, die es ihnen ermöglichen, sich an unterschiedliche Arbeitsstile und Erwartungen anzupassen.

Beispiel:
Ein globales Beratungsunternehmen nutzte diese Strategien, um seine multikulturellen Teams effektiv zu managen. Das Unternehmen führte vierteljährliche interkulturelle Workshops durch, in denen Teammitglieder ihre Erfahrungen austauschten und gemeinsam Lösungen für kulturelle Herausforderungen entwickelten.

Dank der Einführung einer offenen Kommunikationsplattform konnten Teams weltweit in Echtzeit zusammenarbeiten und Ideen austauschen. Die Führungskräfte des Unternehmens förderten die Vielfalt aktiv, indem sie sicherstellten, dass alle Stimmen in Entscheidungsprozesse integriert wurden, was zu innovativen Lösungen und einer stärkeren Teamkohäsion führte.

Durch die konsequente Anwendung dieser Praktiken konnte das Unternehmen nicht nur seine Effizienz und Kreativität steigern, sondern auch eine inklusive Arbeitskultur schaffen, die Mitarbeiter aus verschiedenen Kulturen zusammenbringt und deren Potenzial maximiert.

Interkulturalität: Bedeutung und praktische Anwendungen

Bedeutung der Interkulturalität:

Interkulturalität bezieht sich auf die Interaktion und das gegenseitige Verständnis zwischen Menschen unterschiedlicher kultureller Hintergründe.
Sie geht über die bloße Koexistenz verschiedener Kulturen hinaus und fördert aktive Kommunikation und Zusammenarbeit, um Unterschiede zu überbrücken und voneinander zu lernen.
Interkulturalität ist ein dynamischer Prozess, der darauf abzielt, kulturelle Barrieren abzubauen und eine harmonische, integrative Umgebung zu schaffen.

In einer globalisierten Welt ist Interkulturalität von entscheidender Bedeutung, da sie:

Kulturelles Verständnis vertieft:
Fördert das Bewusstsein und die Wertschätzung für die Vielfalt der Kulturen, Traditionen und Perspektiven.

Konflikte reduziert:
Hilft, kulturelle Missverständnisse und Spannungen zu vermeiden, indem sie den Respekt und die Toleranz gegenüber unterschiedlichen kulturellen Praktiken fördert.

Zusammenarbeit verbessert:
Erleichtert eine effektivere und produktivere Zusammenarbeit in multikulturellen Teams, indem sie die Kommunikation und das Vertrauen zwischen den Teammitgliedern stärkt.

Praktische Anwendungen der Interkulturalität:

Bildung:
Schulen und Universitäten integrieren interkulturelle Lernmodule, um Schüler und Studenten auf eine globalisierte Welt vorzubereiten und ihre interkulturelle Kompetenz zu stärken.

Unternehmensführung:
Unternehmen nutzen interkulturelle Trainingsprogramme, um ihre Mitarbeiter für kulturelle Unterschiede zu sensibilisieren und ihre Fähigkeit zu verbessern, in internationalen Märkten erfolgreich zu agieren.

Diplomatie und internationale Beziehungen:
Interkulturalität spielt eine zentrale Rolle in der internationalen Diplomatie, indem sie das Verständnis und die Zusammenarbeit zwischen Nationen fördert.

Förderung der Interkulturalität im Arbeitsumfeld

Interkulturelle Schulungen

Zielgerichtete Programme:
Implementieren Sie Schulungen, die auf die spezifischen Bedürfnisse und Herausforderungen Ihres Unternehmens zugeschnitten sind, um das kulturelle Bewusstsein und die Kompetenz der Mitarbeiter zu stärken.

Diversity Management

Vielfalt als Strategie:
Entwickeln Sie eine umfassende Diversity-Strategie, die Vielfalt nicht nur akzeptiert, sondern als zentralen Bestandteil der Unternehmensmission und -werte integriert.

Förderung von Sprachkenntnissen

Sprachkurse anbieten:
Unterstützen Sie Mitarbeiter beim Erlernen neuer Sprachen, um die Kommunikation und das Verständnis zwischen verschiedenen kulturellen Gruppen zu verbessern.

Kulturelle Austauschprogramme

Austauschinitiativen:
Organisieren Sie Programme, die es Mitarbeitern ermöglichen, temporär in anderen Ländern zu arbeiten und deren Kulturen aus erster Hand kennenzulernen.

Inklusive Führungspraktiken

Führungskräfteentwicklung:
Schulen Sie Führungskräfte in inklusiven Praktiken, die kulturelle Unterschiede berücksichtigen und den Respekt und die Teilhabe aller Teammitglieder fördern.

Praxistipp: Interkulturelle Workshops zur Teamentwicklung

Interkulturelle Workshops sind ein effektives Instrument, um die Interkulturalität in Teams zu fördern. Sie bieten eine Plattform für den Austausch von Ideen, den Aufbau von Vertrauen und die Entwicklung einer gemeinsamen Teamidentität.

Elemente eines erfolgreichen interkulturellen Workshops

Relevante Inhalte:
Wählen Sie Themen, die für das Team und die Organisation relevant sind, wie interkulturelle Kommunikation, Konfliktlösung und Teambuilding.

Gruppenarbeit und Rollenspiele:
Nutzen Sie interaktive Methoden, um die Teilnehmer aktiv einzubeziehen und praktische Erfahrungen zu vermitteln.

Interkulturelle Experten:
Engagieren Sie Moderatoren mit Erfahrung in interkultureller Kommunikation und Teamentwicklung, um den Workshop effektiv zu leiten.

Zielsetzung und Follow-up

Klare Ziele:
Setzen Sie klare Ziele für den Workshop und planen Sie Follow-up-Aktivitäten, um die Umsetzung der im Workshop gewonnenen Erkenntnisse zu unterstützen. (nutze die SMART-Regel)

Beispiel:
Ein multinationales Unternehmen organisierte einen interkulturellen Workshop für seine globalen Führungskräfte. Der Workshop konzentrierte sich auf die Entwicklung interkultureller Kommunikationsfähigkeiten und die Förderung eines inklusiven Führungsstils.

Während des Workshops nahmen die Teilnehmer an Rollenspielen teil, die typische interkulturelle Herausforderungen simulierten, und entwickelten gemeinsam Strategien zur Lösung dieser Herausforderungen. Die Führungskräfte nutzten die Gelegenheit, um Erfahrungen auszutauschen und Best Practices zu identifizieren.

Nach dem Workshop implementierte das Unternehmen regelmäßige interkulturelle Austauschtreffen und erweiterte seine Diversity-Strategie, um die im Workshop gewonnenen Erkenntnisse zu integrieren. Dies führte zu einer deutlichen Verbesserung der Zusammenarbeit zwischen den internationalen Teams und einer stärkeren Unternehmenskultur, die Vielfalt und Inklusion aktiv fördert.

Durch die gezielte Förderung der Interkulturalität können Unternehmen nicht nur ihre globale Wettbewerbsfähigkeit steigern, sondern auch eine integrative und dynamische Arbeitsumgebung schaffen, die das Potenzial ihrer vielfältigen Belegschaft voll ausschöpft.

Transkulturalität

Was ist Transkulturalität?

Transkulturalität beschreibt die dynamische Interaktion und Vermischung verschiedener Kulturen, die zu neuen kulturellen Formen und Identitäten führt.
Im Gegensatz zur Multikulturalität, die die Koexistenz verschiedener Kulturen betont, und zur Interkulturalität, die den Dialog zwischen Kulturen fördert, konzentriert sich Transkulturalität auf die Überschreitung und Transformation kultureller Grenzen.

Kernmerkmale der Transkulturalität

Hybridität:
Transkulturalität fördert die Entstehung hybrider Identitäten und Kulturen, die Elemente aus verschiedenen kulturellen Kontexten kombinieren.

Grenzüberschreitung:
Sie überwindet traditionelle kulturelle Grenzen und schafft neue, fließende Identitäten und Praktiken.

Dynamik:
Transkulturalität ist ein kontinuierlicher Prozess, der durch Globalisierung, Migration und technologische Fortschritte verstärkt wird.

Inklusion:
Sie fördert eine offene und integrative Sichtweise, die kulturelle Unterschiede als Bereicherung betrachtet und die Schaffung neuer, gemeinsamer kultureller Räume unterstützt.

Fallstudien und Best Practices

Modeindustrie:

Beispiel:
Gucci: Die Modemarke Gucci ist bekannt für ihre transkulturellen Kollektionen, die Stilelemente aus verschiedenen Kulturen kombinieren. Durch die Zusammenarbeit mit Designern und Künstlern aus aller Welt schafft Gucci einzigartige Modekollektionen, die globale Einflüsse widerspiegeln und neue Trends setzen.

Musik:

Beispiel:
Die Band "Playing for Change": Dieses Musikprojekt vereint Musiker aus verschiedenen Ländern und Kulturen, die zusammenarbeiten, um Musik zu schaffen, die globale und kulturelle Grenzen überschreitet.
Die Musik von Playing for Change ist ein Beispiel für transkulturelle Zusammenarbeit, die Menschen weltweit inspiriert und verbindet.

Technologie:

Beispiel:
Google fördert als globales Unternehmen transkulturelle Innovationsprojekte, die Entwickler aus verschiedenen kulturellen Hintergründen zusammenbringen.
Diese Projekte zielen darauf ab, innovative Produkte und Dienstleistungen zu schaffen, die den Bedürfnissen eines globalen Publikums entsprechen.

Best Practices:

Kollaborative Netzwerke aufbauen:
Schaffung von Netzwerken, die Fachleute aus verschiedenen Kulturen zusammenbringen, um gemeinsam an Projekten zu arbeiten und voneinander zu lernen.

Kulturelle Austauschprogramme fördern:
Initiativen, die den Austausch von Ideen und Erfahrungen zwischen Kulturen ermöglichen, um kreative Synergien zu nutzen.

Offene Innovationsplattformen nutzen:
Plattformen, die es Menschen weltweit ermöglichen, sich an Innovationsprozessen zu beteiligen und ihre kulturellen Perspektiven einzubringen.

Praxistipp: Transkulturelle Innovationsprojekte

Transkulturelle Innovationsprojekte zielen darauf ab, die Vielfalt der Kulturen zu nutzen, um innovative Lösungen und Produkte zu entwickeln, die global relevant sind.
Hier sind einige Tipps zur erfolgreichen Umsetzung solcher Projekte:

Schritte zur Umsetzung transkultureller Innovationsprojekte

Zieldefinition und Planung:

Klare Ziele setzen:
Bestimmen Sie klare, messbare Ziele für das Innovationsprojekt, die die transkulturellen Aspekte berücksichtigen.

Interdisziplinäre Teams bilden:
Stellen Sie Teams zusammen, die aus Mitgliedern verschiedener kultureller und fachlicher Hintergründe bestehen.

Kreative Methoden anwenden:

Design Thinking:
Verwenden Sie kreative Methoden wie Design Thinking, um innovative Lösungen zu entwickeln, die auf den Erfahrungen und Perspektiven der Teammitglieder basieren.

Prototyping und Testing:
Erstellen Sie Prototypen und testen Sie diese in verschiedenen kulturellen Kontexten, um ihre Relevanz und Anpassungsfähigkeit zu überprüfen.

Offene Kommunikation und Feedback

Transparente Kommunikation:
Fördern Sie eine offene Kommunikation innerhalb des Teams, um Ideen und Feedback auszutauschen und kulturelle Missverständnisse zu vermeiden.

Feedbackschleifen:
Implementieren Sie regelmäßige Feedbackschleifen, um den Fortschritt zu überwachen und Anpassungen vorzunehmen.

Ergebnisse teilen und skalieren

Erfahrungen dokumentieren:
Erfassen Sie die Erfahrungen und Erkenntnisse aus dem Projekt, um Best Practices zu identifizieren und zu teilen.

Skalierungsmöglichkeiten prüfen:
Bewerten Sie die Möglichkeiten zur Skalierung der Innovation auf andere Märkte und kulturelle Kontexte.

Beispiel:
Ein Technologieunternehmen plante ein transkulturelles Innovationsprojekt zur Entwicklung einer neuen App für den Gesundheitsbereich. Das Team bestand aus Entwicklern, Designern und Gesundheitsexperten aus Europa, Asien und Afrika. Mit Hilfe von Design Thinking arbeiteten sie an der Entwicklung einer App, die gesundheitsrelevante Informationen in mehreren Sprachen bereitstellt und kulturell angepasste Gesundheitsdienste fördert.

Durch den Einsatz transkultureller Innovationsmethoden konnte das Team eine Lösung entwickeln, die den Bedürfnissen einer vielfältigen Benutzerbasis gerecht wird. Die App wurde erfolgreich auf mehreren Kontinenten eingeführt und trug dazu bei, den Zugang zu Gesundheitsinformationen weltweit zu verbessern.

Indem Unternehmen transkulturelle Innovationsprojekte fördern, können sie nicht nur neue Marktchancen erschließen, sondern auch den interkulturellen Dialog und das Verständnis fördern, was letztlich zu einer integrativeren und vernetzteren Welt beiträgt.

Kapitel 4
Kommunikation im Interkulturellen Kontext

Kommunikation im Interkulturellen Kontext

Grundlagen der Kommunikation

Kommunikation ist ein integraler Bestandteil menschlicher Interaktion und eine Schlüsselkomponente für das Verständnis und die Zusammenarbeit in multikulturellen Umgebungen.
Die Grundlagen der Kommunikation umfassen verbale, nonverbale und paraverbale Elemente, die jeweils ihre eigenen Herausforderungen und Nuancen im interkulturellen Kontext mit sich bringen.

Ebenso ist Kommunikation ein vielschichtiger Prozess, der entscheidend für das menschliche Zusammenleben ist. Sie ermöglicht den Austausch von Ideen, Gefühlen und Informationen und ist das Fundament für Beziehungen, Zusammenarbeit und Verständnis.
Im interkulturellen Kontext wird Kommunikation noch komplexer, da kulturelle Unterschiede die Art und Weise beeinflussen, wie Botschaften kodiert, übertragen, dekodiert und interpretiert werden.

Der Kommunikationsprozess:

Kommunikation besteht aus mehreren Schritten, die von der Bildung der Nachricht bis zur Interpretation durch den Empfänger reichen.
Diese Schritte beinhalten:

Kodierung:
Der Sender formt eine Idee oder Information in eine verständliche Form, sei es durch Sprache, Symbole oder Gesten.

Übertragung:
Die kodierte Nachricht wird über ein Medium (z.B. Sprache, Text, visuelle Mittel) an den Empfänger übermittelt.

Dekodierung:
Der Empfänger interpretiert die Nachricht und versucht, die ursprüngliche Bedeutung zu erfassen.

Feedback:
Der Empfänger gibt eine Rückmeldung an den Sender, um zu bestätigen, dass die Nachricht verstanden wurde, oder um Klarstellungen zu bitten.

Das sogenannte Sender-Empfänger-Modell:
oft auch als Kommunikationsmodell bezeichnet, beschreibt den Prozess der Kommunikation zwischen einem Sender und einem Empfänger. Das Sender-Empfänger-Modell ist eine spezifische Darstellung, die die verschiedenen Schritte und Elemente dieser Kommunikation hervorhebt.

Hier sind die Hauptkomponenten:

Sender:
Die Person oder das System, das die Nachricht erzeugt und sendet. Er hat eine bestimmte Absicht oder Botschaft, die er kommunizieren möchte.

Nachricht:
Die Informationen oder Inhalte, die der Sender übermitteln möchte. Diese können in verschiedenen Formen vorliegen, wie Sprache, Text, Bilder oder andere Medien.

Kanal:
Der Weg, über den die Nachricht übermittelt wird. Dies kann verbal, nonverbal, digital oder analog sein.

Empfänger:
Die Person oder das System, das die Nachricht empfängt. Der Empfänger interpretiert die Nachricht basierend auf seinem eigenen Wissen, Erfahrungen und Kontext.

Feedback:
Die Reaktion des Empfängers auf die Nachricht des Senders. Dies kann in Form von verbalen oder nonverbalen Rückmeldungen erfolgen.

Störungen:
Faktoren, die die Kommunikation stören können, wie beispielsweise Lärm, Missverständnisse oder kulturelle Unterschiede.

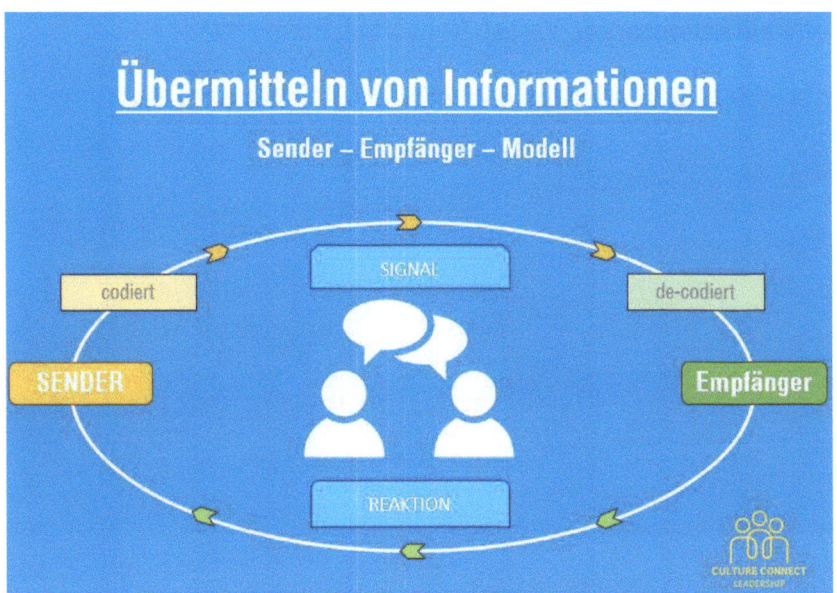

Diese Grafik veranschaulicht das Sender-Empfängermodell

1. **Der Sender entwirft eine Nachricht**
2. **Der Sender verschlüsselt die Nachricht**
3. **Der Sender Schickt die Nachricht an den Empfänger**
4. **Der Empfänger entschlüsselt die Nachricht**
5. **Der Empfänger sendet eine Antwort an den Sender**

Kommunikationsarten: Verbal, Nonverbal, Paraverbal

Verbale Kommunikation:

Definition und Bedeutung:
Verbale Kommunikation bezieht sich auf den Austausch von Informationen durch gesprochene oder geschriebene Sprache. Sie ist die offensichtlichste Form der Kommunikation und spielt eine zentrale Rolle bei der Vermittlung von Ideen und Informationen.

Sprachliche Variationen

Dialekte und Akzente:
Innerhalb einer Sprache gibt es verschiedene Dialekte und Akzente, die die Verständigung erschweren können.
Ein Verständnis für diese Unterschiede ist entscheidend, um Missverständnisse zu vermeiden.

Fachsprache und Jargon:
In beruflichen Kontexten kann die Verwendung von Fachsprache oder Jargon zu Verwirrung führen, insbesondere wenn die Kommunikationspartner aus verschiedenen Fachgebieten oder Kulturen stammen.

Kommunikationsstile

Direktheit vs. Indirektheit:
In direkter Kommunikation wird eine klare und explizite Sprache verwendet, während indirekte Kommunikation auf Andeutungen und Kontext angewiesen ist.
Kulturen wie die USA und Deutschland neigen zu direkter Kommunikation, während Kulturen wie Japan und Indien oft indirekte Kommunikationsstile bevorzugen.

Formalität:
Der Grad der Formalität in der Kommunikation kann stark variieren. In einigen Kulturen wird formelle Ansprache geschätzt, während in anderen eine informelle Kommunikation bevorzugt wird.

Nonverbale Kommunikation:

Definition und Bedeutung:
Nonverbale Kommunikation umfasst alle Kommunikationsformen, die keine Worte verwenden. Diese Form der Kommunikation ist oft unbewusst und kann subtile, aber kraftvolle Botschaften übermitteln.

Elemente der nonverbalen Kommunikation:

Körpersprache:
Gesten, Körperhaltung und Bewegungen können unterschiedliche Bedeutungen in verschiedenen Kulturen haben.
Zum Beispiel kann ein Daumen-hoch-Zeichen in einigen Kulturen Zustimmung bedeuten, in anderen jedoch als beleidigend angesehen werden.

Mimik:
Gesichtsausdrücke sind universell, können jedoch je nach kulturellem Hintergrund unterschiedlich interpretiert werden.
Ein Lächeln kann in einer Kultur Freundlichkeit ausdrücken, während es in einer anderen als Unsicherheit interpretiert werden kann.

Augenkontakt:
Die Bedeutung von Augenkontakt variiert stark.
In westlichen Kulturen wird direkter Augenkontakt oft als Zeichen von Ehrlichkeit und Interesse angesehen, während er in einigen asiatischen Kulturen als respektlos empfunden werden kann.

Raum und Distanz:

Proxemik:
Die physische Distanz zwischen den Gesprächspartnern kann je nach kulturellem Kontext variieren.
Kulturen, die persönliche Distanz schätzen (z.B. Deutschland), können sich in der Nähe von Menschen aus Kulturen, die Nähe bevorzugen (z.B. Lateinamerika), unwohl fühlen.

Paraverbale Kommunikation:

Definition und Bedeutung:
Paraverbale Kommunikation bezieht sich auf die Art und Weise, wie etwas gesagt wird, anstatt auf die tatsächlichen Worte.
Dies umfasst Tonfall, Lautstärke, Sprechtempo und Betonung
.

Elemente der paraverbalen Kommunikation:

Tonfall:
Der Tonfall kann die Bedeutung einer Nachricht verändern.
Ein freundlicher Ton kann eine an sich neutrale Aussage positiv erscheinen lassen, während ein scharfer Tonfall dieselbe Aussage negativ wirken lassen kann.

Lautstärke:
Die Lautstärke der Stimme kann je nach Kultur als Ausdruck von Leidenschaft oder als aggressiv empfunden werden. In einigen Kulturen wird lautes Sprechen als normal angesehen, während es in anderen als unhöflich gilt.

Sprechtempo:
Ein schnelles Sprechtempo kann in manchen Kulturen als Zeichen von Energie und Enthusiasmus gesehen werden, während es in anderen als Hektik oder Unsicherheit interpretiert werden kann.

Pausen und Schweigen:

Bedeutung von Pausen:
In einigen Kulturen wird Schweigen als Teil des Kommunikationsprozesses angesehen und geschätzt (z.B. Japan), während in anderen Kulturen (z.B. USA) Pausen als unangenehm empfunden werden können und schnell gefüllt werden.

Herausforderungen und Strategien im interkulturellen Kommunikationskontext:

Missverständnisse vermeiden:
Um Missverständnisse zu vermeiden, ist es entscheidend, sich der eigenen Kommunikationsgewohnheiten bewusst zu sein und die Kommunikationsstile anderer zu respektieren und zu verstehen.

Anpassungsfähigkeit:
Effektive interkulturelle Kommunikation erfordert die Fähigkeit, den Kommunikationsstil flexibel anzupassen und Empathie zu zeigen, um kulturelle Unterschiede zu überbrücken.

Feedback einholen:
Regelmäßiges Feedback von Gesprächspartnern einholen, um sicherzustellen, dass die Botschaft korrekt verstanden wurde und eventuelle Missverständnisse schnell geklärt werden können.

KULTURELLE UNTERSCHIEDE IN DER KOMMUNIKATION

Jede Kultur kommuniziert unterschiedlich, sei es
Verbal, Nonverbal oder Paraverbal
Diese unterschiede zu kennen kann helfen
Missverständnisse und Konflikte im Team zu vermeiden

KULTUR	Merkmale der Kommunikation
JAPAN	• Höflich, subtil, schätzt Harmonie und Rücksicht
CHINA	• Indirekt, oft Verwendung von Andeutungen und Metaphern
KOREA	• Höflichkeit, Wertschätzung von Beziehungen, indirekte Botschaften
INDIEN	• Indirekt, oft Kontext und nonverbale Hinweise
ARABISCHE LÄNDER	• Höflichkeit, oft diplomatische und indirekte Ausdrucksweise
THAILAND	• Wertschätzung von Harmonie, indirekte Kommunikation zur Vermeidung von Konflikten

CULTURE CONNECT
LEADERSHIP

KULTURELLE UNTERSCHIEDE IN DER KOMMUNIKATION

Kommunikation ist vielfältig!
Gegenseitige Rücksicht unabdingbar für positive Kommunikation

KULTUR	Merkmale der Kommunikation
USA	• Offen, direkt, schätzt Klarheit und Ehrlichkeit
DEUTSCHLAND	• Direktheit, Sachlichkeit, wenig Umschweife
AUSTRALIEN	• Informell, direkt, Humor wird oft eingesetzt
SKANDINAVISCHE LÄNDER	• Klarheit, Offenheit, direkte Ansprache
ISRAEL	• Direkt und konfrontativ, schätzt Ehrlichkeit
NIEDERLANDE	• Offen, direkt, bevorzugt klare Ansagen

CULTURE CONNECT
LEADERSHIP

Beispiel:
Ein global tätiges Unternehmen führte ein umfassendes Schulungsprogramm zur interkulturellen Kommunikation ein, das die Mitarbeiter in den drei Aspekten der Kommunikation schulte. Die Teilnehmer lernten, wie sie ihre verbalen, nonverbalen und paraverbalen Kommunikationsfähigkeiten anpassen können, um effektiver mit internationalen Kollegen zu interagieren.

Durch Rollenspiele und interaktive Workshops erwarben die Mitarbeiter die Fähigkeit, kulturelle Unterschiede zu erkennen und respektvoll zu kommunizieren, was zu einer verbesserten Zusammenarbeit und einem harmonischeren Arbeitsumfeld führte.

Das Verständnis der Grundlagen der Kommunikation ist entscheidend, um in einem multikulturellen Umfeld erfolgreich zu agieren und kulturelle Barrieren zu überwinden. Indem Unternehmen und Individuen diese Prinzipien anwenden, können sie eine effektive und respektvolle Kommunikation fördern, die den interkulturellen Dialog stärkt.

Modelle der Kommunikation und deren Anwendung

Kommunikationsmodelle bieten strukturierte Ansätze, um den komplexen Prozess der Kommunikation zu verstehen und zu analysieren. Sie sind besonders nützlich im interkulturellen Kontext, um die Dynamiken zwischen Sendern und Empfängern aus unterschiedlichen kulturellen Hintergründen zu erläutern. Hier sind einige der bekanntesten Kommunikationsmodelle und deren Anwendung:

Das Sender-Empfänger-Modell (Shannon-Weaver-Modell)

Beschreibung:
Entwickelt von Claude Shannon und Warren Weaver, beschreibt dieses Modell die Kommunikation als linearen Prozess, in dem ein Sender eine Nachricht kodiert und über einen Kanal an einen Empfänger sendet, der sie dekodiert. Das Modell berücksichtigt auch Störungen (Rauschen), die die Nachricht während der Übertragung beeinträchtigen können.

Anwendung:
Im interkulturellen Kontext hilft dieses Modell, die Bedeutung klarer Kodierung und Dekodierung von Nachrichten zu betonen. Es verdeutlicht die Notwendigkeit, kulturelles Rauschen (z.B. Missverständnisse aufgrund kultureller Unterschiede) zu minimieren, indem der Kontext der Nachricht berücksichtigt wird.

Die Lasswell-Formel

Beschreibung:
Harold Lasswell entwickelte ein einfaches Modell, das die Kommunikationskette in fünf Komponenten unterteilt:
„Wer sagt was in welchem Kanal zu wem mit welchem Effekt?"

Anwendung:
Dieses Modell ist hilfreich, um den Einfluss kultureller Faktoren auf jede Komponente der Kommunikation zu analysieren.
Es ermöglicht eine systematische Untersuchung, wie kulturelle Unterschiede die Botschaft (Was), das Medium (In welchem Kanal) und die Reaktion (Mit welchem Effekt) beeinflussen können.

Das Schramm-Kommunikationsmodell:

Beschreibung:
Wilbur Schramm erweiterte das Shannon-Weaver-Modell, indem er den wechselseitigen Charakter der Kommunikation betonte. Schramm führte den Begriff des „Feldes gemeinsamer Erfahrung" ein, das die Effektivität der Kommunikation beeinflusst.

Anwendung:
Im interkulturellen Kontext unterstreicht Schramms Modell die Bedeutung gemeinsamer Erfahrungen und Wissenshintergründe, um Missverständnisse zu vermeiden. Es zeigt, wie wichtig es ist, einen gemeinsamen kulturellen Kontext zu schaffen, um effektive Kommunikation zu ermöglichen.

Das Modell der symbolischen Interaktion:

Beschreibung:
Dieses Modell basiert auf der Idee, dass Kommunikation durch den Austausch von Symbolen (z.B. Sprache, Gesten) erfolgt, die Bedeutungen haben, die durch soziale Interaktion konstruiert werden.

Anwendung:
Im interkulturellen Kontext ist es wichtig, die kulturell spezifische Bedeutung von Symbolen zu verstehen.
Dieses Modell hilft zu erkennen, dass dieselben Symbole in unterschiedlichen Kulturen unterschiedliche Bedeutungen haben können, und betont die Notwendigkeit, diese Bedeutungen in interkulturellen Begegnungen zu klären.

Das Watzlawick-Modell der Kommunikation

Beschreibung:
Paul Watzlawick und seine Kollegen entwickelten fünf Axiome der Kommunikation, die die Komplexität und Unvermeidbarkeit von Kommunikation betonen.
Ein wesentliches Axiom ist, dass man
„nicht nicht kommunizieren" kann.

Anwendung:
Dieses Modell ist besonders nützlich im interkulturellen Kontext, um das Bewusstsein dafür zu schärfen, dass jede Handlung oder Nichthandlung eine Form der Kommunikation darstellt.
Es hilft, die unbewussten Kommunikationssignale zu erkennen, die durch kulturelle Unterschiede entstehen können.

Zusammenfassung der Anwendung im interkulturellen Kontext

Kommunikationsmodelle bieten wertvolle Werkzeuge, um die Herausforderungen der interkulturellen Kommunikation zu analysieren und zu bewältigen.
Sie helfen dabei, die Struktur und Dynamik von Kommunikationsprozessen zu verstehen, kulturelle Barrieren zu identifizieren und Strategien zur Verbesserung der Verständigung zwischen Menschen aus

unterschiedlichen kulturellen Hintergründen zu entwickeln.

Indem Individuen und Organisationen diese Modelle anwenden, können sie ihre Kommunikationsfähigkeiten im interkulturellen Umfeld erheblich verbessern.

Schulz von Thun: Das Vier-Seiten-Modell

Das Vier-Seiten-Modell von Friedemann Schulz von Thun, auch bekannt als das Vier-Ohren-Modell oder das Nachrichtenquadrat, ist ein bedeutendes Kommunikationsmodell, das die Vielschichtigkeit von Nachrichten in der zwischenmenschlichen Kommunikation beschreibt.
Es ist besonders nützlich im interkulturellen Kontext, da es hilft, die verschiedenen Ebenen einer Nachricht zu identifizieren, die je nach kulturellem Hintergrund unterschiedlich interpretiert werden können.

Grundlagen des Vier-Seiten-Modells:

Jede Nachricht, die gesendet wird, enthält vier verschiedene
Aspekte oder "Seiten":

Sachinhalt (Sachebene):

Was wird gesagt?
Dies ist die objektive Information, die übermittelt wird. Es geht um Fakten,
Daten und Informationen.

Interkulturelle Anwendung:
Unterschiede im Umgang mit Fakten und Präzision können zu
Missverständnissen führen. Kulturen, die Wert auf Genauigkeit legen,
könnten auf dieser Ebene stärker reagieren.

Selbstoffenbarung (Selbskundgabe):

Was sagt der Sender über sich selbst?
Jede Nachricht enthält Informationen über den Sender, seine
Einstellungen, Gefühle oder Motive.

Interkulturelle Anwendung:
Kulturelle Unterschiede in der Selbstdarstellung können beeinflussen, wie
diese Seite interpretiert wird. In Kulturen, in denen direkte Selbstauskunft
weniger verbreitet ist, wird diese Ebene möglicherweise weniger stark
betont.

Beziehungsseite (Beziehungsebene):

Was hält der Sender vom Empfänger?
Diese Seite gibt an, wie der Sender zum Empfänger steht und wie die
Beziehung zwischen den beiden ist.

Interkulturelle Anwendung:
Die Interpretation dieser Seite kann stark variieren, da unterschiedliche
Kulturen unterschiedliche Erwartungen an Höflichkeit, Respekt und
Hierarchie haben.

<u>Appell:</u>

Was soll der Empfänger tun?:
Hier geht es um den Wunsch oder die Aufforderung, die implizit oder explizit in der Nachricht enthalten ist.

Interkulturelle Anwendung:
Der direkte oder indirekte Charakter von Appellen kann in verschiedenen Kulturen unterschiedlich interpretiert werden. Kulturen, die indirekte Kommunikation bevorzugen, könnten Appelle anders wahrnehmen als solche, die Direktheit schätzen.

Anwendung des Vier-Seiten-Modells im interkulturellen Kontext:

Erkennen von Mehrdeutigkeiten:
Indem man die vier Seiten einer Nachricht analysiert, kann man potenzielle Mehrdeutigkeiten oder Missverständnisse identifizieren, die durch kulturelle Unterschiede hervorgerufen werden könnten.

Verbesserung der Empathie:
Das Modell fördert das Verständnis dafür, dass unterschiedliche Menschen dieselbe Nachricht auf verschiedene Weisen hören und interpretieren können, abhängig von ihrer kulturellen Prägung.

Förderung der Klarheit:
Im interkulturellen Kontext ist es wichtig, Nachrichten klar und eindeutig zu formulieren, um Missverständnisse zu vermeiden.
Das Modell hilft dabei, alle vier Ebenen einer Nachricht bewusst zu gestalten.

Feedback geben und empfangen:
Das Modell kann auch verwendet werden, um Feedback zu strukturieren und zu verstehen, wie Nachrichten von anderen interpretiert werden.

Beispiel:
Ein deutsches Unternehmen hielt ein interkulturelles Training für seine internationalen Teams ab, bei dem das Vier-Seiten-Modell vorgestellt wurde. Die Teilnehmer analysierten verschiedene Kommunikationsszenarien, um die vier Seiten der Kommunikation zu identifizieren und zu diskutieren, wie kulturelle Unterschiede die Interpretation jeder Seite beeinflussen könnten.

Durch Rollenspiele und Diskussionen lernten die Teilnehmer, wie sie ihre eigene Kommunikation anpassen können, um Missverständnisse zu vermeiden und effektiver mit Kollegen aus verschiedenen Kulturen zu interagieren. Das Training förderte ein tieferes Verständnis für die Komplexität der Kommunikation und verbesserte die Zusammenarbeit im interkulturellen Umfeld erheblich.

Das Vier-Seiten-Modell von Schulz von Thun ist ein wertvolles Werkzeug, um die vielschichtige Natur der Kommunikation zu verstehen und anzuwenden, insbesondere in einer globalisierten Welt, in der interkulturelle Interaktionen alltäglich sind.

Praxistipp: Kommunikationsworkshops für Teams

Kommunikationsworkshops sind effektive Instrumente, um die Kommunikationsfähigkeiten von Teams zu stärken, insbesondere in interkulturellen Umgebungen. Sie bieten eine strukturierte Möglichkeit, Kommunikationsbarrieren zu identifizieren und abzubauen, das Verständnis zwischen Teammitgliedern zu fördern und die Zusammenarbeit zu verbessern.

Ziele von Kommunikationsworkshops:

Verbesserung der Kommunikationsfähigkeiten:
Die Teilnehmer lernen, wie sie klarer und effektiver kommunizieren können, sowohl verbal als auch nonverbal.

Förderung des interkulturellen Verständnisses:
Teilnehmer entwickeln ein tieferes Verständnis für kulturelle Unterschiede in der Kommunikation und lernen, diese in ihre täglichen Interaktionen zu integrieren.

Stärkung des Teamzusammenhalts:
Durch gemeinsame Übungen und Diskussionen wird der Teamgeist gestärkt und das Vertrauen unter den Mitgliedern gefördert.

Schritte zur Durchführung eines erfolgreichen Kommunikationsworkshops

1. Bedarfsanalyse:

Zielgruppenanalyse:
Bestimmen Sie die spezifischen Bedürfnisse und Herausforderungen der Teammitglieder in Bezug auf Kommunikation.

Kulturelle Vielfalt berücksichtigen:
Berücksichtigen Sie die kulturellen Hintergründe der Teilnehmer, um relevante Themen und Übungen auszuwählen.

2. Workshop-Planung:

Ziele festlegen:
Definieren Sie klare Ziele für den Workshop, z.B. Verbesserung der interkulturellen Kommunikation oder Abbau von Missverständnissen.

Inhalte und Methoden wählen:
Wählen Sie geeignete Inhalte und Methoden aus, die auf die Bedürfnisse der Teilnehmer abgestimmt sind, z.B. Rollenspiele, Gruppendiskussionen, Fallstudien.

3. Durchführung des Workshops:

Interaktive Übungen:
Setzen Sie auf interaktive Übungen, die die Teilnehmer aktiv einbeziehen und praxisnahe Erfahrungen ermöglichen.

Fallbeispiele und Rollenspiele:
Verwenden Sie Rollenspiele und Fallbeispiele, um reale Kommunikationssituationen nachzustellen und die Anwendung der erlernten Fähigkeiten zu üben.

Feedbackrunden:
Bieten Sie regelmäßige Feedbackrunden an, um den Teilnehmern die Möglichkeit zu geben, ihre Erfahrungen zu reflektieren und voneinander zu lernen.

4. Nachbereitung und Transfer:

Ergebnisse dokumentieren:
Fassen Sie die Ergebnisse und Erkenntnisse des Workshops zusammen und teilen Sie sie mit den Teilnehmern.

Maßnahmen zur Umsetzung planen:
Entwickeln Sie gemeinsam mit den Teilnehmern Maßnahmen, um die erlernten Kommunikationsfähigkeiten im Arbeitsalltag umzusetzen.

Langfristige Unterstützung bieten:
Bieten Sie Follow-up-Sitzungen oder weiterführende Trainings an, um den langfristigen Transfer der erlernten Fähigkeiten sicherzustellen.

Beispiel eines Kommunikationsworkshops:

Ein mittelständisches Unternehmen, das international tätig ist, organisierte einen zweitägigen Kommunikationsworkshop für seine multikulturellen Projektteams. Der Workshop umfasste:

Einführung in die Grundlagen der interkulturellen Kommunikation:

Die Teilnehmer bekamen einen Überblick über die wichtigsten Kommunikationsmodelle und kulturellen Unterschiede.

Rollenspiele und Fallstudien:
In kleinen Gruppen arbeiteten die Teilnehmer an Fallstudien, die typische interkulturelle Kommunikationsprobleme darstellten.
Sie entwickelten Strategien zur Lösung dieser Probleme und präsentierten ihre Ansätze dem gesamten Team.

Feedback und Reflektion:
Am Ende jedes Tages gab es Feedbackrunden, in denen die Teilnehmer ihre Erfahrungen diskutierten und Erkenntnisse austauschten.

Der Workshop führte zu einer erheblichen Verbesserung der Kommunikationsfähigkeiten der Teams und einem stärkeren Bewusstsein für die Bedeutung interkultureller Kompetenz im internationalen Geschäftsumfeld. Die Teilnehmer berichteten von einer besseren Zusammenarbeit und einem höheren Maß an Vertrauen innerhalb der Teams.
Kommunikationsworkshops bieten eine wertvolle Gelegenheit, die Kommunikationsfähigkeiten von Teams zu stärken, kulturelle Barrieren abzubauen und die Zusammenarbeit in einem zunehmend globalisierten Arbeitsumfeld zu fördern.

Herausforderungen und Chancen

Interkulturelle Kommunikation ist ein wesentlicher Bestandteil der modernen globalen Wirtschaft und Gesellschaft. Sie umfasst den Austausch von Informationen zwischen Individuen oder Gruppen aus unterschiedlichen kulturellen Hintergründen. Dies bringt eine Vielzahl von Herausforderungen und Chancen mit sich, die es ermöglichen, sowohl persönliche als auch berufliche Beziehungen zu stärken und innovative Lösungen zu fördern.

Herausforderungen der interkulturellen Kommunikation

1. Sprachbarrieren

Verschiedene Sprachen und Dialekte:
Die Vielfalt an Sprachen und Dialekten kann zu Missverständnissen führen.
Selbst wenn die gleiche Sprache gesprochen wird, können regionale Dialekte und Akzente die Verständigung erschweren.

Übersetzung und Interpretation:
Die Übersetzung subtiler Nuancen und Konnotationen kann herausfordernd sein.
Falsche Übersetzungen können die Bedeutung einer Nachricht verändern.

2. Kulturelle Missverständnisse

Unterschiedliche kulturelle Normen:
Jede Kultur hat ihre eigenen Normen und Werte, die beeinflussen, was als angemessen oder inakzeptabel angesehen wird.
Diese Unterschiede können zu Missverständnissen führen, wenn Menschen aus verschiedenen Kulturen interagieren.

Nonverbale Kommunikation:
Gesten, Mimik und Körpersprache variieren stark zwischen Kulturen.
Ein harmloser Ausdruck oder eine Geste in einer Kultur kann in einer anderen beleidigend sein.

3. Stereotype und Vorurteile

Stereotypisierung:
Stereotype führen zu vereinfachten und oft unzutreffenden Annahmen
über Menschen aus bestimmten Kulturen.
Diese Annahmen können die Wahrnehmung und das Verhalten
beeinflussen und zu Vorurteilen führen.

Vorurteile:
Vorurteile können dazu führen, dass Menschen aus anderen Kulturen
diskriminiert werden.
Diese können tief verwurzelt sein und die Fähigkeit zur objektiven
Beurteilung beeinträchtigen.

4. Unterschiedliche Kommunikationsstile

Direkte vs. indirekte Kommunikation:
In direkten Kommunikationskulturen wird Klarheit und Offenheit geschätzt,
während in indirekten Kulturen Andeutungen und Kontext eine größere
Rolle spielen.
In Hochkontext-Kulturen ist die Kommunikation stark kontextabhängig und
Informationen werden oft implizit vermittelt.
In Niedrigkontext-Kulturen wird hingegen explizit und direkt kommuniziert.

5. Zeitwahrnehmung

Monochrone vs. polychrone Kulturen:
Monochrone Kulturen legen Wert auf Zeitmanagement und Pünktlichkeit,
während polychrone Kulturen flexibler mit Zeit umgehen und Beziehungen
über Zeitpläne stellen.

6. Hierarchie und Machtverhältnisse

Hierarchische Strukturen:
In einigen Kulturen wird Hierarchie stark betont, was die Kommunikation
zwischen verschiedenen Hierarchieebenen beeinflussen kann. In
flacheren Hierarchien wird offener kommuniziert.

Chancen der interkulturellen Kommunikation:

1. Erweiterung des Horizonts

Kulturelles Lernen:
Interkulturelle Kommunikation bietet die Gelegenheit, neue Perspektiven zu entdecken und das Verständnis für andere Kulturen zu vertiefen. Dies fördert die persönliche Entwicklung und Toleranz.

Diversität als Stärke:
Die Vielfalt an Erfahrungen und Sichtweisen kann genutzt werden, um kreative Ideen und innovative Lösungen zu entwickeln.

2. Innovation und Kreativität

Vielfältige Ideen:
Multikulturelle Teams bringen unterschiedliche Denkweisen und Problemlösungsansätze zusammen, was zu innovativen Lösungen und Produkten führen kann.

Kreative Synergien:
Der Austausch zwischen unterschiedlichen Kulturen kann neue Möglichkeiten eröffnen und kreative Synergien schaffen.

3. Globale Vernetzung

Internationale Kooperationen:
Effektive interkulturelle Kommunikation ermöglicht es, internationale Partnerschaften und Kooperationen zu fördern und zu pflegen.

Erweiterte Märkte:
Unternehmen, die über interkulturelle Kompetenzen verfügen, können neue Märkte erschließen und ihre globale Reichweite erweitern.

4. Stärkung von Beziehungen

Vertrauensaufbau:
Der respektvolle Umgang mit kulturellen Unterschieden stärkt das Vertrauen und die Beziehungen zwischen Individuen und Organisationen.

Konfliktlösung:
Interkulturelle Kommunikationskompetenzen helfen, Missverständnisse zu klären und Konflikte konstruktiv zu lösen.

5. Förderung von Inklusion und Gleichheit

Inklusive Arbeitsumgebungen:
Die Förderung von Interkulturalität in Organisationen schafft ein inklusives Umfeld, in dem sich alle Mitarbeiter wertgeschätzt fühlen.

Gleichberechtigte Teilhabe:
Interkulturelle Kommunikation trägt dazu bei, Barrieren abzubauen und die gleichberechtigte Teilhabe aller Menschen zu fördern.

Zusammenfassung:

Interkulturelle Kommunikation ist eine Herausforderung, die jedoch enorme Chancen bietet. Indem Individuen und Organisationen die Herausforderungen erkennen und Strategien entwickeln, um diese zu überwinden, können sie die Chancen nutzen, die interkulturelle Kommunikation bietet. Dies führt zu einer besseren Zusammenarbeit, innovativen Lösungen und einem harmonischeren globalen Miteinander. Die Fähigkeit, effektiv über kulturelle Grenzen hinweg zu kommunizieren, ist entscheidend für den Erfolg in einer zunehmend vernetzten Welt.

Techniken zur Verbesserung der interkulturellen Kommunikation

In einer globalisierten Welt ist die Fähigkeit, effektiv über kulturelle Grenzen hinweg zu kommunizieren, von entscheidender Bedeutung. Um Missverständnisse zu vermeiden und die Zusammenarbeit zu fördern, können verschiedene Techniken angewendet werden, um die interkulturelle Kommunikation zu verbessern. Diese Techniken helfen dabei, kulturelle Unterschiede zu überbrücken, Empathie zu fördern und eine offene und respektvolle Kommunikation zu gewährleisten.

1. Kulturelle Sensibilisierung

Training und Bildung:
Organisieren Sie Schulungen und Workshops, um das Bewusstsein für kulturelle Unterschiede zu schärfen. Diese Programme sollten Informationen über kulturelle Normen, Werte, Kommunikationsstile und Geschäftspraktiken vermitteln.

Selbstreflexion:
Ermutigen Sie Individuen, ihre eigenen kulturellen Vorurteile und Annahmen zu reflektieren und zu hinterfragen, um ein tieferes Verständnis und Respekt für andere Kulturen zu entwickeln.

2. Aktives Zuhören:

Aufmerksamkeit schenken:
Hören Sie aufmerksam zu und achten Sie nicht nur auf die Worte, sondern auch auf den Tonfall, die Körpersprache und andere nonverbale Hinweise.

Nachfragen stellen:
Stellen Sie klärende Fragen, um sicherzustellen, dass Sie die Botschaft richtig verstanden haben, und zeigen Sie Interesse an den Ansichten und Erfahrungen des anderen.

3. Empathie und Perspektivenübernahme

Einfühlungsvermögen zeigen:
Versuchen Sie, sich in die Lage des Gesprächspartners zu versetzen und seine Perspektive nachzuvollziehen.
Dies hilft, Missverständnisse zu vermeiden und eine stärkere Verbindung aufzubauen.

Offenheit für andere Sichtweisen:
Seien Sie bereit, andere Sichtweisen zu akzeptieren und sich auf neue Ideen einzulassen.

4. Anpassung der Kommunikationsstile

Flexibilität:
Passen Sie Ihren Kommunikationsstil an den kulturellen Kontext an. Dies kann bedeuten, direkter oder indirekter zu kommunizieren, je nach den Präferenzen der Gesprächspartner.

Verwendung einfacher Sprache:
Vermeiden Sie Fachjargon oder komplizierte Ausdrücke, die möglicherweise nicht verstanden werden.
Klare und einfache Sprache fördert das Verständnis.

5. Nonverbale Kommunikation beachten:

Körpersprache und Gesten:
Achten Sie auf die nonverbale Kommunikation und respektieren Sie kulturelle Unterschiede in Bezug auf Gesten, Augenkontakt und Körperhaltung.

Raum und Distanz:
Passen Sie Ihre körperliche Nähe an den kulturellen Kontext an, um Komfort und Respekt zu gewährleisten.

6. Geduld und Toleranz:

Zeit nehmen:
Geben Sie sich und Ihrem Gesprächspartner Zeit, um die Kommunikation zu verarbeiten und aufeinander zu reagieren. Vermeiden Sie es, Gespräche zu überstürzen.

Fehler akzeptieren:
Seien Sie bereit, aus Fehlern zu lernen, und zeigen Sie Toleranz gegenüber Missverständnissen, die aufgrund kultureller Unterschiede auftreten können.

7. Förderung eines inklusiven Umfelds

Inklusivität fördern:
Schaffen Sie eine Arbeitsumgebung, in der Vielfalt geschätzt wird und alle Stimmen gehört werden. Dies fördert eine offene und respektvolle Kommunikation.

Vielfalt feiern:
Erkennen und feiern Sie kulturelle Feste und Traditionen, um das Verständnis und die Wertschätzung für verschiedene Kulturen zu stärken.

8. Einsatz von Mediatoren oder Kulturvermittlern

Kulturvermittler:
Ziehen Sie in Betracht, Kulturvermittler oder Mediatoren einzusetzen, um bei der Überbrückung kultureller Unterschiede zu helfen und die Kommunikation zu erleichtern.

Konfliktlösung:
Nutzen Sie Mediatoren, um interkulturelle Konflikte zu lösen und eine effektive Kommunikation zu fördern.

Zusammenfassung:

Die Verbesserung der interkulturellen Kommunikation erfordert einen bewussten und proaktiven Ansatz.
Durch die Anwendung dieser Techniken können Individuen und Organisationen kulturelle Barrieren abbauen, Missverständnisse vermeiden und eine effektivere und respektvollere Kommunikation über kulturelle Grenzen hinweg gewährleisten.
Dies trägt nicht nur zur persönlichen und beruflichen Entwicklung bei, sondern fördert auch ein harmonischeres und integrativeres globales Miteinander.

Geert Hofstede: Kulturdimensionen

Geert Hofstede, ein renommierter Sozialpsychologe, entwickelte ein Modell der Kulturdimensionen, das hilft, die Unterschiede und Gemeinsamkeiten zwischen verschiedenen nationalen Kulturen zu verstehen.
Dieses Modell ist ein wertvolles Werkzeug zur Verbesserung der interkulturellen Kommunikation, da es die zugrunde liegenden kulturellen Werte und Verhaltensweisen erklärt, die die Kommunikation beeinflussen.

1. Machtdistanz

Definition:
Diese Dimension beschreibt, inwieweit die weniger mächtigen Mitglieder einer Gesellschaft akzeptieren und erwarten, dass Macht ungleich verteilt ist.

Anwendung:
In Kulturen mit hoher Machtdistanz wird Hierarchie stark betont und Autorität respektiert. In Kulturen mit niedriger Machtdistanz wird Gleichheit betont, und es gibt eine stärkere Neigung zu partizipativem Management.

2. Individualismus vs. Kollektivismus:

Definition:
Diese Dimension misst, ob die Interessen des Individuums oder der Gruppe im Vordergrund stehen.

Anwendung:
In individualistischen Kulturen wird Unabhängigkeit geschätzt und persönliche Ziele stehen im Vordergrund. In kollektivistischen Kulturen sind Gruppenharmonie und kollektive Interessen wichtiger.

3. Maskulinität vs. Femininität:

Definition:
Diese Dimension beschreibt, ob eine Kultur mehr wert auf traditionelle männliche Werte wie Wettbewerb, Erfolg und Leistung oder auf weibliche Werte wie Fürsorglichkeit, Zusammenarbeit und Lebensqualität legt.

Anwendung:
Maskuline Kulturen legen Wert auf Karriere und Wettbewerb, während feminine Kulturen Beziehungen und Lebensqualität priorisieren.

4. Unsicherheitsvermeidung:

Definition:
Diese Dimension misst, wie stark sich eine Kultur durch Unsicherheit und Ambiguität bedroht fühlt und wie sie mit Unvorhersehbarkeit umgeht.

Anwendung:
Kulturen mit hoher Unsicherheitsvermeidung neigen zu strengen Regeln und Vorschriften, während Kulturen mit niedriger Unsicherheitsvermeidung flexibler und toleranter gegenüber Veränderungen sind.

5. Langfristige vs. kurzfristige Orientierung:

Definition:
Diese Dimension beschreibt den Zeithorizont einer Kultur und ob sie eher zukunftsorientiert oder auf die Gegenwart und Vergangenheit konzentriert ist.

Anwendung:
Langfristig orientierte Kulturen legen Wert auf Ausdauer und Sparsamkeit, während kurzfristig orientierte Kulturen Traditionen und kurzfristige Erfolge betonen.

6. Nachgiebigkeit vs. Beherrschung:

Definition:
Diese Dimension beschreibt, inwieweit eine Kultur ihren Mitgliedern erlaubt, ihren Wünschen und Impulsen nachzugeben.

Anwendung:
Kulturen mit hohem Nachgiebigkeitswert fördern das Genießen des Lebens und des Vergnügens, während Kulturen mit hohem Beherrschungswert Disziplin und Kontrolle schätzen.

Anwendung der Hofstede-Dimensionen zur Verbesserung der interkulturellen Kommunikation:

Kulturelle Sensibilisierung:
Das Verständnis der Hofstede-Dimensionen hilft dabei, die kulturellen Werte und Verhaltensweisen zu erkennen, die die Kommunikation beeinflussen.
Dies fördert eine höhere kulturelle Sensibilisierung und Achtsamkeit im Umgang mit Menschen aus verschiedenen Kulturen.

Anpassung der Kommunikationsstrategien:
Durch die Kenntnis der kulturellen Präferenzen in Bezug auf Hierarchie, Individualismus, Unsicherheit usw. können Individuen und Organisationen ihre Kommunikationsstrategien anpassen, um effektiver mit anderen Kulturen zu interaglieren.

Konfliktlösung:
Das Modell bietet Einblicke in die Ursachen interkultureller Konflikte und ermöglicht es, diese durch die Anpassung von Erwartungen und Kommunikationsmethoden zu lösen.

Förderung der Zusammenarbeit:
Durch das Verständnis und die Berücksichtigung kultureller Unterschiede können Teams die Zusammenarbeit verbessern und ein integrativeres Arbeitsumfeld schaffen.

Hofstedes Kulturdimensionen bieten wertvolle Einblicke in die komplexen kulturellen Unterschiede, die die interkulturelle Kommunikation prägen. Sie sind ein unverzichtbares Werkzeug für alle, die in internationalen und multikulturellen Kontexten arbeiten und leben, da sie dabei helfen, Missverständnisse zu reduzieren und die Zusammenarbeit über kulturelle Grenzen hinweg zu verbessern.

Praxistipp: Interkulturelle Kommunikationsstile

In der interkulturellen Kommunikation spielen unterschiedliche Kommunikationsstile eine entscheidende Rolle. Diese Stile variieren stark zwischen verschiedenen Kulturen und beeinflussen, wie Botschaften gesendet und empfangen werden.
Ein tieferes Verständnis dieser Stile kann dazu beitragen, Missverständnisse zu vermeiden und die Effektivität der Kommunikation in einem multikulturellen Umfeld zu steigern.

Kommunikationsstile im interkulturellen Kontext

1. Direkte vs. indirekte Kommunikation:

Direkte Kommunikation:
In Kulturen, die direkte Kommunikation bevorzugen, wird Klarheit und Offenheit geschätzt.
Botschaften werden explizit und ohne Umschweife ausgedrückt. Beispiele hierfür sind viele westliche Kulturen, wie die USA oder Deutschland.

Indirekte Kommunikation:
In Kulturen mit indirekter Kommunikation werden Botschaften oft durch Andeutungen und Kontext vermittelt.
Höflichkeit und der Erhalt von Harmonie sind wichtig. Asiatische Kulturen wie Japan oder China sind Beispiele hierfür.

2. Formelle vs. informelle Kommunikation:

Formelle Kommunikation:
In formellen Kulturen ist der Ton respektvoll und höflich, und es wird großer Wert auf Titel und Höflichkeitsformen gelegt. Solche Kulturen sind oft hierarchisch strukturiert, wie in Indien oder Südkorea.

Informelle Kommunikation:
In informellen Kulturen ist der Ton entspannter und weniger an Formalitäten gebunden. Beispiele sind Australien und die Niederlande.

3. High-Context vs. Low-Context Kommunikation:

High-Context Kommunikation:
Informationen werden stark durch den Kontext und die Art der Beziehung vermittelt.
Vieles bleibt ungesagt, weil es als bekannt vorausgesetzt wird. Beispiele sind arabische und lateinamerikanische Kulturen.

Low-Context Kommunikation:
Botschaften sind explizit und klar formuliert, und es wird wenig Kontext benötigt.
Die USA und Deutschland sind Beispiele für Low-Context-Kulturen.

4. Emotionaler vs. neutraler Kommunikationsstil:

Emotionaler Stil:
In emotionalen Kulturen wird es als normal angesehen, Gefühle offen zu zeigen. Italien und Spanien sind Beispiele für Kulturen, die diesen Stil bevorzugen.

Neutraler Stil:
In neutralen Kulturen wird Zurückhaltung in Bezug auf das Zeigen von Gefühlen als professionell angesehen.
Beispiele hierfür sind Japan und Schweden.

Praxistipps zur Anpassung an interkulturelle Kommunikationsstile:

1. Kulturelle Recherche:
Informieren Sie sich über die Kommunikationsstile der Kultur, mit der Sie interagieren werden. Dies hilft Ihnen, Ihre Kommunikationsstrategie anzupassen.

2. Anpassungsfähigkeit:
Seien Sie flexibel in Ihrer Kommunikation. Wenn Sie mit einer Kultur interagieren, die indirekte Kommunikation bevorzugt, versuchen Sie, subtile Hinweise und Kontext zu berücksichtigen.

3. Beobachtungen und Fragen:
Achten Sie auf die Reaktionen Ihrer Gesprächspartner und stellen Sie klärende Fragen, um Missverständnisse zu vermeiden.

4. Feedback einholen:
Bitten Sie regelmäßig um Feedback zu Ihrer Kommunikationsweise, um zu verstehen, wie diese von anderen Kulturen wahrgenommen wird.

5. Emotionale Intelligenz:
Entwickeln Sie Ihre Fähigkeit, emotionale Hinweise zu erkennen und darauf zu reagieren, um das Verständnis und die Beziehung zu stärken.

6. Geduld und Offenheit:
Seien Sie geduldig und offen für kulturelle Unterschiede. Missverständnisse können auftreten, aber mit einer offenen Einstellung können sie oft schnell gelöst werden.

Zusammenfassung:

Das Verständnis und die Anpassung an unterschiedliche interkulturelle Kommunikationsstile sind entscheidend für erfolgreiche Interaktionen in einem multikulturellen Umfeld.

Durch die Berücksichtigung dieser Stile können Individuen und Organisationen effektiver kommunizieren, Beziehungen verbessern und ein harmonisches Arbeitsklima schaffen.

Diese Fähigkeiten sind besonders wertvoll in der heutigen globalisierten Welt, in der kulturelle Vielfalt zunehmend die Norm ist.

Interkulturelle Kommunikationsspiele

Interkulturelle Kommunikationsspiele sind eine effektive Methode, um das Verständnis und die Fähigkeiten im Umgang mit kulturellen Unterschieden zu verbessern. Diese Spiele bieten eine unterhaltsame und interaktive Möglichkeit, sich mit den Herausforderungen und Chancen interkultureller Kommunikation auseinanderzusetzen. Sie fördern nicht nur das Lernen, sondern auch das Teambuilding und die Kreativität.

Ziele interkultureller Kommunikationsspiele:

1. Förderung des kulturellen Verständnisses:
Teilnehmer lernen, die Unterschiede und Gemeinsamkeiten zwischen verschiedenen Kulturen zu erkennen und zu schätzen.

2. Verbesserung der Kommunikationsfähigkeiten:
Spiele helfen, die Fähigkeit zu entwickeln, effektiv über kulturelle Grenzen hinweg zu kommunizieren, indem sie unterschiedliche Kommunikationsstile und -strategien erkunden.

3. Abbau von Vorurteilen und Stereotypen:
Durch interaktive Erfahrungen können Teilnehmer ihre eigenen Vorurteile hinterfragen und abbauen.

4. Stärkung der Teamarbeit:
Interkulturelle Spiele fördern die Zusammenarbeit und das Zusammengehörigkeitsgefühl in multikulturellen Teams.

Beispiele für interkulturelle Kommunikationsspiele

1. Rollenspiele:

- **Beschreibung:** Teilnehmer schlüpfen in die Rollen von Personen aus verschiedenen Kulturen und simulieren Szenarien, um kulturelle Unterschiede in der Kommunikation zu erleben.

- **Ziel:** Fördert das Einfühlungsvermögen und das Verständnis für die Perspektiven anderer Kulturen.

2. Kulturelle Missverständnisse:

- **Beschreibung:** In diesem Spiel werden Szenarien präsentiert, die kulturelle Missverständnisse enthalten. Die Teilnehmer müssen die Missverständnisse identifizieren und Lösungsvorschläge erarbeiten.

- **Ziel:** Sensibilisiert für kulturelle Unterschiede und fördert Problemlösungsfähigkeiten.

3. Kulturelle Quizspiele:

- **Beschreibung:** Quizspiele mit Fragen zu verschiedenen kulturellen Normen, Werten und Bräuchen.

- **Ziel:** Erweitert das Wissen über andere Kulturen und macht das Lernen unterhaltsam.

4. Kommunikationsbarrieren:

- **Beschreibung:** Teilnehmer kommunizieren mit Einschränkungen, z.B. ohne Worte oder mit bestimmten Regeln, um Kommunikationsbarrieren zu simulieren.

- **Ziel:** Verdeutlicht die Herausforderungen der Kommunikation und fördert kreative Lösungsansätze.

5. Kulturelle Austauschaktivitäten:

- **Beschreibung:** Teilnehmer teilen persönliche Geschichten oder Erfahrungen aus ihrer Kultur und diskutieren kulturelle Unterschiede und Gemeinsamkeiten

- **Ziel:** Fördert den kulturellen Austausch und das Verständnis.

Vorteile der Nutzung von Spielen in der interkulturellen Kommunikation:

- **Interaktivität und Engagement:**
  Spiele schaffen eine dynamische Lernumgebung, die Teilnehmer aktiv einbezieht.

- **Praktisches Lernen:**
  Teilnehmer können theoretische Konzepte in einer praxisnahen Umgebung anwenden.

- **Sicherer Raum für Experimente:**
  Spiele bieten einen sicheren Rahmen, um neue Kommunikationsstrategien auszuprobieren und aus Fehlern zu lernen.

- **Spaß und Motivation:**
  Der spielerische Ansatz fördert die Motivation und macht das Lernen zu einem angenehmen Erlebnis.

Zusammenfassung:

Interkulturelle Kommunikationsspiele sind ein wirkungsvolles Instrument, um das Verständnis und die Fähigkeiten im Umgang mit kulturellen Unterschieden zu stärken.

Sie bieten eine unterhaltsame und effektive Möglichkeit, die Herausforderungen der interkulturellen Kommunikation zu erforschen und zu bewältigen, wodurch sie sowohl für Bildungszwecke als auch für Teambuilding-Aktivitäten in multikulturellen Umgebungen wertvoll sind.

Auflistung verschiedener Kommunikationsspiele im interkulturellen Kontext

1. Silent Negotiation

- **Ziel:** Verständnis für nonverbale Kommunikation und unterschiedliche Verhandlungsstile.
- **Ablauf:** Zwei Teams verhandeln über ein fiktives Thema – dürfen aber nur nonverbal kommunizieren (Mimik, Gestik, Zeichnungen).
- **Lernziel:** Unterschiede in Körpersprache und Kommunikationsgewohnheiten erleben.

2. Kontext-Kollision (High vs. Low Context)

- **Ziel:** Unterschiedliche Erwartungen an Kommunikation erleben.
- **Ablauf:** Zwei Gruppen bekommen je eine Kommunikationsregel (z. B. sehr direkt oder extrem indirekt). Beim anschließenden Gespräch kommt es zu Missverständnissen.
- **Lernziel:** Verständnis für Missverständnisse zwischen High- und Low-Context-Kulturen.

3. Begriffe erklären – ohne Sprache

- **Ziel:** Bewusstsein für kulturelle Prägung nonverbaler Kommunikation.
- **Ablauf:** Begriffe (z. B. Hochzeit, Respekt, Familie) werden ohne Worte dargestellt. Andere erraten – Diskussion über kulturelle Unterschiede.
- **Lernziel:** Wie kulturell verschieden Konzepte verstanden und dargestellt werden.

4. Missverständnis aufdecken

- **Ziel:** Analyse realer interkultureller Kommunikationspannen.
- **Ablauf:** Kurze Fallbeispiele oder Rollenspiele mit typischen Missverständnissen (z. B. direkter vs. indirekter Stil, Umgang mit Hierarchie). Danach Diskussion.
- **Lernziel:** Kommunikationsmuster erkennen und deuten.

5. Kulturcode-Decoder

- **Ziel:** Kulturelle Bedeutungen hinter Aussagen und Gesten erkennen.
- **Ablauf:** Aussagen wie „Wir überlegen noch" oder Gesten (z. B. Nicken, Schweigen) werden aus verschiedenen kulturellen Perspektiven interpretiert.
- **Lernziel:** Verständnis für kulturbedingte Interpretation von Sprache.

6. Empathie-Rollen

- **Ziel:** Perspektivwechsel in Kommunikation.
- **Ablauf:** Teilnehmende schlüpfen in Rollen (z. B. eine Person aus einer kollektivistischen Kultur im Gespräch mit einer aus einer individualistischen).
- **Lernziel:** Wie kulturelle Werte Kommunikationsverhalten beeinflussen.

7. Das Kommunikationsquadrat international

- **Ziel:** Schulz von Thuns Modell auf andere Kulturen anwenden.
- **Ablauf:** Ein Satz („Das Fenster ist offen") wird aus unterschiedlichen kulturellen Blickwinkeln auf den vier Ebenen interpretiert.
- **Lernziel:** Reflexion über kulturell geprägte Bedeutungsebenen in der Kommunikation.

8. Das „normale" Gespräch

- **Ziel:** Unterschiedliche Gesprächsrituale erkennen.
- **Ablauf:** Zwei Gruppen mit unterschiedlichen Gesprächsregeln (z. B. wer beginnt, wie viel Augenkontakt, Unterbrechen erlaubt?) führen ein Gespräch.
- **Lernziel:** Sensibilisierung für kulturell unterschiedliche Kommunikationsrituale.

Zusammenfassung

1. Sensibilisierung für kulturelle Unterschiede
2. Erleben von Missverständnissen – ohne Bewertung
3. Förderung von Empathie & Perspektivwechsel
4. Reflexion eigener Kommunikationsgewohnheiten
5. Förderung von Teamfähigkeit & Zusammenarbeit
6. Spaß & emotionale Anker im Lernprozess

Kapitel 5
Konfliktmanagement und Problemlösung

Konfliktmanagement und Problemlösung

Interkulturelles Konfliktmanagement

Interkulturelles Konfliktmanagement beschäftigt sich mit der Identifizierung, Analyse und Lösung von Konflikten, die aus kulturellen Unterschieden in multikulturellen Teams entstehen.

In einer globalisierten Welt, in der Organisationen zunehmend auf internationale und vielfältige Arbeitskräfte setzen, ist es entscheidend, effektive Strategien für den Umgang mit interkulturellen Konflikten zu entwickeln.

Häufige Konfliktursachen in interkulturellen Teams

In interkulturellen Teams können Konflikte aus einer Vielzahl von Ursachen entstehen, die oft mit kulturellen Unterschieden und Missverständnissen zusammenhängen.

Das Verständnis dieser Konfliktursachen ist der erste Schritt zur Entwicklung effektiver Lösungsstrategien.

1. Kommunikationsbarrieren:

Sprachliche Unterschiede:
Unterschiede in Sprache und Sprachkenntnissen können zu Missverständnissen und Fehlkommunikation führen.

Unterschiedliche Kommunikationsstile:
Variationen zwischen direkter und indirekter Kommunikation oder zwischen High-Context- und Low-Context-Kommunikation können zu Verwirrung und Fehlinterpretationen führen.

2. Unterschiedliche Werte und Normen:

Kulturelle Werte:
Unterschiedliche Prioritäten und Werte, wie Individualismus vs. Kollektivismus oder maskuline vs. feminine Werte, können Konflikte über Entscheidungen und Arbeitsmethoden verursachen.

Normen und Verhaltensweisen:
Unterschiede in sozialen Normen und akzeptablem Verhalten können zu Missverständnissen und Spannungen führen.

3. Unterschiedliche Erwartungen:

Hierarchie und Autorität:
Unterschiedliche Vorstellungen von Hierarchie und Autorität können zu Konflikten über Entscheidungsfindung und Führungsstile führen.

Zeitwahrnehmung:
Unterschiedliche Auffassungen von Pünktlichkeit und Zeitmanagement können zu Frustration und Missverständnissen führen.

4. Stereotypen und Vorurteile:

Kulturelle Stereotypen:
Vorurteile und Stereotypen über bestimmte Kulturen können zu Misstrauen und Spannungen innerhalb des Teams führen.

Diskriminierung:
Diskriminierendes Verhalten oder die Wahrnehmung davon kann zu ernsthaften Konflikten und einem ungesunden Arbeitsumfeld führen.

5. Unterschiedlicher Umgang mit Konflikten

Konfliktlösungsstrategien:
Kulturen haben unterschiedliche Ansätze zur Konfliktlösung, wie Konfrontation vs. Vermeidung, die zu Missverständnissen führen können, wenn sie nicht erkannt und respektiert werden.

Zusammenfassung:

Die Identifizierung der häufigen Konfliktursachen in interkulturellen Teams ist entscheidend für die Entwicklung wirksamer Strategien zur Konfliktlösung.
Durch das Verständnis der kulturellen Unterschiede, die Kommunikationsbarrieren, unterschiedliche Werte und Erwartungen sowie den Einfluss von Stereotypen und Vorurteilen können Organisationen proaktive Maßnahmen ergreifen, um ein harmonisches und produktives Arbeitsumfeld zu schaffen.
Dies erfordert eine bewusste Anstrengung, um kulturelle Sensibilität zu fördern und interkulturelle Kompetenzen in Teams zu stärken.

Effektive Konfliktlösungsstrategien

In interkulturellen Teams sind effektive Konfliktlösungsstrategien entscheidend, um Missverständnisse zu klären, die Zusammenarbeit zu verbessern und ein produktives Arbeitsumfeld zu schaffen. Diese Strategien sollten auf die spezifischen Bedürfnisse und kulturellen Hintergründe der Teammitglieder abgestimmt sein.

Effektive Konfliktlösungsstrategien für interkulturelle Teams

1. Kulturelle Sensibilisierung und Schulung:

- **Beschreibung:** Schulungen zur kulturellen Sensibilisierung können dazu beitragen, das Verständnis für die kulturellen Hintergründe der Teammitglieder zu erhöhen.

- **Vorteil:** Fördert das Bewusstsein für kulturelle Unterschiede und hilft, Missverständnisse im Voraus zu vermeiden.

2. Aktives Zuhören und offene Kommunikation:

- **Beschreibung:**Ermutigen Sie Teammitglieder, aktiv zuzuhören und offen über ihre Gedanken und Gefühle zu kommunizieren.

- **Vorteil:** Reduziert Missverständnisse und fördert eine respektvolle und inklusive Kommunikation.

3. Gemeinsame Ziele definieren:

- **Beschreibung:** Entwickeln Sie gemeinsame Ziele und eine gemeinsame Vision, die alle Teammitglieder vereint.

- **Vorteil:** Schafft ein Gefühl der Einheit und des gemeinsamen Zwecks, das kulturelle Unterschiede überbrücken kann.

4. Konsensbasierte Entscheidungsfindung:

- **Beschreibung:** Implementieren Sie Entscheidungsprozesse, die konsensorientiert sind und die Meinungen aller Teammitglieder berücksichtigen.

- **Vorteil:** Erhöht das Engagement und die Zufriedenheit der Teammitglieder, da sie sich gehört und respektiert fühlen.

5. Mediation und Konfliktmoderation:

- **Beschreibung:** Nutzen Sie Mediatoren oder Konfliktmoderatoren, um festgefahrene Konflikte zu lösen und den Dialog zu fördern.

- **Vorteil:** Bietet eine neutrale Perspektive und hilft, Spannungen abzubauen.

6. Flexibilität und Anpassungsfähigkeit:

- **Beschreibung:** Fördern Sie eine Kultur der Flexibilität und Anpassungsfähigkeit, um auf unterschiedliche Bedürfnisse und Kommunikationsstile einzugehen.

- **Vorteil:** Erlaubt es Teams, sich an Veränderungen anzupassen und kreative Lösungen zu finden.

7. Feedback-Kultur etablieren:

- **Beschreibung:** Fördern Sie eine Kultur, in der regelmäßiges und konstruktives Feedback gegeben und empfangen wird.

- **Vorteil:** Unterstützt kontinuierliches Lernen und Verbesserung sowie die frühzeitige Identifizierung von Konfliktpotenzialen.

8. Teambuilding-Aktivitäten:

- **Beschreibung:** Organisieren Sie Teambuilding-Aktivitäten, die das Vertrauen und die Zusammenarbeit im Team stärken.

- **Vorteil:** Verbessert die Teamdynamik und hilft, persönliche Beziehungen über kulturelle Grenzen hinweg aufzubauen.

Zusammenfassung:

Effektive Konfliktlösungsstrategien in interkulturellen Teams erfordern ein tiefes Verständnis der kulturellen Unterschiede und die Bereitschaft, diese Unterschiede als Chancen zu sehen.

Durch gezielte Maßnahmen wie kulturelle Sensibilisierung, offene Kommunikation und konsensorientierte Entscheidungsfindung können Teams Konflikte nicht nur bewältigen, sondern auch aus ihnen lernen und wachsen.

Diese Ansätze tragen dazu bei, ein inklusives und produktives Arbeitsumfeld zu schaffen, in dem Vielfalt als Stärke genutzt wird.

Praxisbeispiel: Interkulturelles Konfliktmanagement in einem globalen IT-Projektteam

Hintergrund:

Ein globales IT-Unternehmen hat ein Projektteam zusammengestellt, das aus Mitgliedern aus Deutschland, Indien, den USA und Japan besteht. Das Team arbeitet an der Entwicklung einer neuen Softwarelösung und steht unter Zeitdruck, um die Markteinführung rechtzeitig zu schaffen.

Konfliktursache:

Während der Projektarbeit kam es zu Spannungen und Missverständnissen im Team. Ein zentraler Konfliktpunkt war der unterschiedliche Umgang mit Zeitmanagement und Kommunikation.
Die deutschen und amerikanischen Teammitglieder legten großen Wert auf direkte Kommunikation und Pünktlichkeit, während die indischen und japanischen Kollegen einen eher indirekten Kommunikationsstil bevorzugten und flexibler mit Zeit umgingen.
Diese Unterschiede führten zu Missverständnissen und Frustration im Team, da Termine oft nicht eingehalten wurden und wichtige Informationen nicht klar ausgetauscht wurden.

Strategien zur Konfliktlösung 1

1. Kulturelle Sensibilisierung:

Das Team organisierte einen Workshop zur kulturellen Sensibilisierung, in dem die unterschiedlichen Kommunikationsstile und Werte der beteiligten Kulturen besprochen wurden.
Dies half den Mitgliedern, die Perspektiven ihrer Kollegen besser zu verstehen und Missverständnisse zu vermeiden.

2. Offene Kommunikation:

Es wurde eine offene Kommunikationskultur eingeführt, bei der alle Teammitglieder ermutigt wurden, ihre Gedanken und Bedenken offen zu äußern.
Wöchentliche Meetings wurden eingerichtet, um den Fortschritt zu besprechen und Probleme frühzeitig zu erkennen.

3. Konsensbasierte Entscheidungsfindung:

Das Team einigte sich darauf, wichtige Entscheidungen gemeinsam und im Konsens zu treffen.
Dies stellte sicher, dass alle Meinungen berücksichtigt wurden und das Engagement für die Projektziele erhöht wurde.

4. Flexibilität und Anpassungsfähigkeit:

Die Teammitglieder wurden ermutigt, flexibel zu sein und sich an die verschiedenen Arbeitsstile anzupassen.
Beispielsweise wurden bei Meetings sowohl schriftliche Berichte als auch mündliche Updates genutzt, um den unterschiedlichen Vorlieben gerecht zu werden.

5. Mediation:

Ein externer Mediator wurde hinzugezogen, um in regelmäßigen Abständen Feedback-Sitzungen zu moderieren und bei der Lösung von Konflikten zu helfen, bevor sie eskalierten.

Ergebnis:

Durch die Umsetzung dieser Strategien konnte das Team seine Kommunikation verbessern und die Zusammenarbeit stärken. Das Projekt wurde erfolgreich abgeschlossen, und die Teammitglieder berichteten von einem gestärkten Verständnis und Respekt für die kulturellen Unterschiede ihrer Kollegen. Die positive Erfahrung mit interkulturellem Konfliktmanagement führte dazu, dass das Unternehmen ähnliche Ansätze in anderen Projekten implementierte, um die Zusammenarbeit in seinen globalen Teams zu fördern.

Zusammenfassung:

Dieses Praxisbeispiel zeigt, wie interkulturelles Konfliktmanagement durch gezielte Maßnahmen zur Sensibilisierung, Kommunikation und Zusammenarbeit erfolgreich umgesetzt werden kann. Es verdeutlicht, dass kulturelle Unterschiede nicht nur Herausforderungen, sondern auch Chancen für Wachstum und Innovation bieten können, wenn sie richtig angegangen werden.

Strategien zur Konfliktlösung 2

1. Kulturelle Sensibilisierung:

- **Beschreibung:** Bewusstsein für kulturelle Unterschiede zu schärfen und diese als Bereicherung zu sehen.

- **Anwendung:** Regelmäßige Schulungen und Workshops zur kulturellen Sensibilisierung helfen, Vorurteile abzubauen und das Verständnis zu fördern.

2. Empathisches Zuhören:

- **Beschreibung:** Empathisches Zuhören ist ein zentraler Bestandteil ihrer Konfliktlösungsstrategien, um die Perspektiven aller Beteiligten vollständig zu verstehen.

- **Anwendung:** Ermutigung zu aktivem Zuhören, bei dem die Gefühle und Standpunkte der anderen respektiert werden.

3. Klare und offene Kommunikation:

- **Beschreibung:** Wert legen auf eine offene Kommunikation, die Missverständnisse reduziert und Vertrauen aufbaut.

- **Anwendung:** Förderung eines Umfelds, in dem alle Teammitglieder ihre Meinung ohne Angst vor negativen Konsequenzen äußern können.

4. Kollaborative Problemlösung:

- **Beschreibung:** Zusammenarbeit bei der Suche nach Lösungen, die die Interessen aller Beteiligten berücksichtigen.

- **Anwendung:** Nutzung von Teambuilding-Übungen, um die Zusammenarbeit zu stärken und kreative Lösungen zu finden.

5. Flexible Konfliktlösungsstrategien:

- **Beschreibung:** Anpassungsfähigkeit in der Wahl der Konfliktlösungsstrategie, um den spezifischen Bedürfnissen der Situation gerecht zu werden.

- **Anwendung:** Kombination verschiedener Ansätze, um den besten Weg zur Lösung des Konflikts zu finden.

Praxistipp: Mediationstechniken im interkulturellen Kontext

Die Mediation ist eine effektive Technik zur Lösung von Konflikten in interkulturellen Teams.
Sie bietet eine strukturierte Methode, um Kommunikationsbarrieren zu überwinden und eine einvernehmliche Lösung zu finden.

1. Neutralität und Unparteilichkeit:

- **Beschreibung:** Der Mediator muss neutral und unparteiisch sein, um das Vertrauen aller Beteiligten zu gewinnen.

- **Anwendung:** Der Mediator achtet darauf, keine Partei zu bevorzugen und alle Perspektiven gleichwertig zu behandeln.

2. Kulturelle Sensibilität:

- **Beschreibung:** Mediatoren sollten über Kenntnisse der kulturellen Hintergründe der Teilnehmer verfügen.

- **Anwendung:** Sensible Themen und kulturelle Normen müssen berücksichtigt werden, um respektvolle Dialoge zu gewährleisten.

3. Strukturierte Dialoge:

- **Beschreibung:** Die Mediation sollte durch einen strukturierten Dialogprozess geführt werden, der es den Parteien ermöglicht, ihre Sichtweisen klar darzulegen.

- **Anwendung:** Einsatz von Techniken wie "Ich-Botschaften" und aktives Zuhören, um Missverständnisse zu minimieren.

4. Förderung von Verständnis und Empathie:

- **Beschreibung:** Der Mediator fördert das gegenseitige Verständnis und die Empathie zwischen den Parteien.

- **Anwendung:** Ermutigung der Teilnehmer, sich in die Lage der anderen zu versetzen und deren Perspektiven zu berücksichtigen.

5. Kreative Lösungsfindung:

- **Beschreibung:** Erarbeitung kreativer und kulturell sensibler Lösungen, die den Bedürfnissen aller Beteiligten gerecht werden.

- **Anwendung:** Nutzung von Brainstorming und anderen Techniken, um innovative Lösungen zu entwickeln.

Zusammenfassung:

Die Kombination Strategien zur Konfliktlösung mit Mediationstechniken bietet einen effektiven Rahmen, um interkulturelle Konflikte zu bewältigen. Durch die Förderung von Offenheit, Empathie und Zusammenarbeit können Teams kulturelle Differenzen als Chancen nutzen, um harmonische und produktive Arbeitsbeziehungen zu gestalten.

Prävention und Lösung von Konflikten

Effektive Konfliktprävention und -lösung sind von entscheidender Bedeutung für den Erfolg interkultureller Teams.
Sie ermöglichen es, ein positives Arbeitsklima zu schaffen und die Produktivität zu steigern.

Methoden zur Konfliktprävention

Die Prävention von Konflikten basiert auf dem proaktiven Umgang mit potenziellen Schwierigkeiten und der Schaffung eines Umfelds, das kulturelle Vielfalt respektiert und fördert. Zu den Methoden gehören:

- Kulturelle Sensibilisierung und Schulung
- Teambuilding-Aktivitäten
- Klare Kommunikationsrichtlinien
- Gemeinsame Werte und Ziele definieren
- Mentoring und Peer-Learning-Programme
- Flexibles Arbeitsumfeld
- Regelmäßige Feedback- und Evaluationssitzungen

Fallbeispiele erfolgreicher Konfliktlösungen

1. Fallbeispiel: Globales Vertriebsteam

Herausforderung:
Ein globales Vertriebsteam mit Mitgliedern aus Europa, Asien und Nordamerika erlebte Spannungen aufgrund unterschiedlicher Verkaufsstrategien und Kommunikationsstile.

Lösung:
Das Unternehmen führte einen Workshop zur kulturellen Sensibilisierung durch, gefolgt von regelmäßigen interaktiven Sitzungen, in denen die Mitglieder ihre kulturellen Perspektiven und bewährten Praktiken teilten.
Ein konsensorientierter Entscheidungsfindungsprozess wurde implementiert.

Ergebnis:
Die Zusammenarbeit verbesserte sich erheblich, und das Team übertraf seine Verkaufsziele.

2. Fallbeispiel: Forschungs- und Entwicklungsteam

Herausforderung:
Ein multinationales F&E-Team hatte Schwierigkeiten bei der Integration unterschiedlicher Arbeitsmethoden und Prioritäten.

Lösung:
Ein externer Mediator wurde engagiert, um einen strukturierten Dialogprozess zu moderieren. Das Team definierte gemeinsam klare Projektziele und etablierte flexible Arbeitsmethoden.

Ergebnis:
Das Projekt wurde termingerecht abgeschlossen, und die Teammitglieder entwickelten innovative Lösungen durch die Nutzung ihrer kulturellen Vielfalt.

Praxistipp: Konfliktpräventionsstrategien in Teams

Um Konflikte in Teams effektiv zu verhindern, sollten folgende Strategien in die Praxis umgesetzt werden:

- **Förderung einer offenen Kommunikationskultur:**
  Schaffen Sie ein Umfeld, in dem Teammitglieder offen kommunizieren können, ohne Angst vor negativen Konsequenzen.

- **Regelmäßige Team-Check-ins:**
  Führen Sie regelmäßige Check-ins durch, um den Teamgeist zu stärken und potenzielle Probleme frühzeitig zu erkennen.

- **Diversität als Stärke nutzen:**
  Erkennen Sie die Vielfalt im Team als Stärke an und fördern Sie den Austausch von Ideen und Perspektiven.

- **Entwicklung von Empathie und Verständnis:**
  Schulen Sie Teammitglieder in Empathie und interkulturellem Verständnis, um Missverständnisse und Vorurteile abzubauen.

- **Flexibilität in Arbeitsmethoden:**
  Erlauben Sie flexible Ansätze in der Arbeitsweise, um den unterschiedlichen Bedürfnissen und Stilen der Teammitglieder gerecht zu werden.

Zusammenfassung:

Durch die Implementierung von Konfliktpräventionsstrategien und die Anwendung bewährter Praktiken zur Konfliktlösung können Teams nicht nur Konflikte vermeiden, sondern auch elne Kultur des Respekts und der Zusammenarbeit schaffen. Erfolgreiche Fallbeispiele zeigen, wie Teams durch proaktive Maßnahmen und gezielte Interventionen ihre Zusammenarbeit verbessern und ihre Ziele erreichen können.

Kapitel 6
Wertschätzung und Zielsetzung

Wertschätzung und Zielsetzung

Förderung von Wertschätzung

In multikulturellen Teams ist die Förderung von Wertschätzung entscheidend, um ein positives Arbeitsklima zu schaffen und die Motivation und Zufriedenheit der Teammitglieder zu steigern.
Respekt und Anerkennung sind hierbei zentrale Elemente, die das Zusammengehörigkeitsgefühl stärken und die Zusammenarbeit fördern.

Bedeutung von Respekt und Anerkennung

Respekt und Anerkennung sind fundamentale Werte, die in jedem Team, insbesondere in interkulturellen Teams, eine zentrale Rolle spielen.
Sie tragen dazu bei, ein Umfeld zu schaffen, in dem sich alle Teammitglieder geschätzt und respektiert fühlen, unabhängig von ihrem kulturellen Hintergrund.

Bedeutung von Respekt

Förderung des Zusammenhalts:
Respekt schafft ein Gefühl der Zugehörigkeit und stärkt den Teamgeist.

Verbesserte Kommunikation:
Ein respektvolles Umfeld erleichtert die offene und konstruktive Kommunikation.

Reduzierung von Konflikten:
Respekt hilft, Missverständnisse zu vermeiden und Konflikte zu entschärfen.

Erhöhung der Zufriedenheit und Motivation:
Mitarbeiter, die sich respektiert fühlen, sind zufriedener und motivierter.

Bedeutung von Anerkennung

Steigerung der Motivation:
Anerkennung der Leistungen und Beiträge der Teammitglieder erhöht deren Motivation und Engagement.

Förderung von Innovation:
Anerkennung ermutigt Kreativität und die Bereitschaft, neue Ideen einzubringen.

Verbesserung der Leistung:
Regelmäßige Anerkennung kann die individuelle und teambezogene Leistung verbessern.

Stärkung der Mitarbeiterbindung:
Anerkennung trägt zur Mitarbeiterzufriedenheit bei und verringert die Fluktuation.

Beispiel:
Ein internationales Beratungsunternehmen stellte fest, dass die Motivation und Zufriedenheit der Mitarbeiter in ihren globalen Teams variierten.
Die Mitarbeiter fühlten sich oft nicht ausreichend wertgeschätzt, was sich negativ auf die Teamleistung auswirkte.
Das Unternehmen führte ein Anerkennungsprogramm ein, das sowohl formelle als auch informelle Elemente umfasste.
Dazu gehörten u.a **Regelmäßige Teammeetings** In denen Erfolge und Beiträge der Teammitglieder gewürdigt wurden.
Die Mitarbeiter wurden ermutigt, ihre Kollegen für deren Unterstützung und Leistungen zu loben **(Peer-to-Peer-Anerkennung)**.
Das Unternehmen organisierte Veranstaltungen, um die kulturelle Vielfalt zu feiern und die Beiträge aller Kulturen zu würdigen.

Ergebnis:
Das Anerkennungsprogramm führte zu einer signifikanten Steigerung der Mitarbeiterzufriedenheit und -bindung.
Die Teams berichteten von einer verbesserten Zusammenarbeit und einem stärkeren Zusammengehörigkeitsgefühl.
Die Motivation stieg, und die Leistung der Teams verbesserte sich deutlich.

Zusammenfassung:

Die Bedeutung von Respekt und Anerkennung in interkulturellen Teams kann nicht hoch genug eingeschätzt werden.
Sie sind wesentliche Faktoren, die zur Schaffung eines positiven und produktiven Arbeitsumfelds beitragen.
Praxisbeispiele zeigen, dass durch gezielte Maßnahmen zur Förderung von Wertschätzung die Motivation, Zufriedenheit und Leistung von Teams gesteigert werden können.

Praktische Tipps zur Förderung von Wertschätzung

Die Förderung von Wertschätzung in interkulturellen Teams erfordert bewusstes Handeln und gezielte Maßnahmen, um ein Umfeld zu schaffen, in dem alle Teammitglieder sich respektiert und anerkannt fühlen. Hier sind einige praktische Tipps, um Wertschätzung effektiv zu fördern:

1. Regelmäßige Anerkennung und Lob:

- **Beschreibung:**
  Nehmen Sie sich regelmäßig Zeit, um die Leistungen und Beiträge der Teammitglieder zu loben. Dies kann sowohl in Meetings als auch in persönlichen Gesprächen geschehen.

- **Praxis:**
  Implementieren Sie ein System, bei dem Teamleiter und Kollegen regelmäßig positives Feedback geben und Erfolge feiern.

2. Kulturelle Feierlichkeiten und Inklusion:

- **Beschreibung:**
  Feiern Sie kulturelle Feiertage und wichtige Anlässe aller Teammitglieder, um deren kulturelle Identität zu würdigen.

- **Praxis:**
  Organisieren Sie Veranstaltungen oder virtuelle Treffen, bei denen Teammitglieder ihre Traditionen und Bräuche teilen können.

3. Offene Kommunikationskanäle:

- **Beschreibung:**
  Schaffen Sie eine Kultur der offenen Kommunikation, in der Teammitglieder ihre Ideen und Bedenken frei äußern können.

- **Praxis:**
  Führen Sie regelmäßige Check-ins und Feedback-Sitzungen durch, um den Dialog zu fördern und die Verbindungen zu stärken.

4. Individuelle Entwicklungspläne:

- **Beschreibung:**
  Unterstützen Sie die berufliche und persönliche Entwicklung der Teammitglieder durch maßgeschneiderte Entwicklungspläne.

- **Praxis:**
  Arbeiten Sie mit jedem Teammitglied zusammen, um Ziele zu setzen und Ressourcen bereitzustellen, die deren Wachstum und Karriere fördern.

5. Peer-to-Peer-Anerkennung:

- **Beschreibung:**
  Ermutigen Sie Teammitglieder, sich gegenseitig für ihre Unterstützung und Leistungen zu loben.

- **Praxis:**
  Implementieren Sie ein digitales Anerkennungstool oder eine Plattform, auf der Teammitglieder sich gegenseitig anerkennen können.

6. Transparente Entscheidungsprozesse:

- **Beschreibung:**
  Beteiligen Sie Teammitglieder an Entscheidungsprozessen, um das Gefühl der Zugehörigkeit und des Engagements zu stärken.

- **Praxis:**
  Führen Sie partizipative Workshops oder Umfragen durch, um die Meinungen der Teammitglieder einzuholen und in Entscheidungen einzubeziehen.

7. Förderung von Teamwork und Zusammenarbeit:

- **Beschreibung:**
  Ermutigen Sie die Zusammenarbeit und den Austausch von Wissen und Fähigkeiten innerhalb des Teams.

- **Praxis:**
  Organisieren Sie regelmäßige Teambuilding-Aktivitäten oder Workshops, die die Teamdynamik und das gegenseitige Vertrauen stärken.

Zusammenfassung:

Die Förderung von Wertschätzung in interkulturellen Teams erfordert gezielte Anstrengungen, um ein inklusives und respektvolles Arbeitsumfeld zu schaffen.

Durch regelmäßige Anerkennung, offene Kommunikation und die Einbeziehung der kulturellen Vielfalt können Teams ein Gefühl der Gemeinschaft und des gemeinsamen Ziels entwickeln.

Solche Maßnahmen stärken nicht nur das Wohlbefinden der Teammitglieder, sondern steigern auch deren Motivation und Leistungsfähigkeit.

Praxistipp: Anerkennungsprogramme im Unternehmen

Anerkennungsprogramme sind ein wertvolles Instrument, um die Leistung und das Engagement der Mitarbeiter zu fördern und gleichzeitig eine Kultur der Wertschätzung zu etablieren.
Diese Programme können die Motivation steigern, die Mitarbeiterbindung erhöhen und ein positives Arbeitsumfeld schaffen.

Schlüsselaspekte eines erfolgreichen Anerkennungsprogramms

1. Klar definierte Ziele:

- **Beschreibung:**
  Setzen Sie klare Ziele für das Anerkennungsprogramm, um sicherzustellen, dass es die gewünschten Verhaltensweisen fördert und mit den Unternehmenswerten übereinstimmt.

- **Praxis:**
  Identifizieren Sie spezifische Verhaltensweisen oder Leistungen, die Sie fördern möchten, wie Teamarbeit, Innovation oder Kundenservice.

2. Vielfältige Anerkennungsformen:

- **Beschreibung:**
  Nutzen Sie eine Kombination aus formellen und informellen Anerkennungen, um verschiedene Beiträge zu würdigen.

- **Praxis:**
  Verwenden Sie sowohl öffentliche Anerkennungen, wie Auszeichnungen und Zeremonien, als auch private Gesten, wie persönliche Notizen oder Gespräche.

3. Einbeziehung der Mitarbeiter:

- **Beschreibung:**
Beteiligen Sie Mitarbeiter aktiv an der Gestaltung und Umsetzung des Anerkennungsprogramms.

- **Praxis:**
Führen Sie Umfragen oder Workshops durch, um Feedback zur Gestaltung des Programms zu erhalten und sicherzustellen, dass es den Bedürfnissen der Mitarbeiter entspricht.

4. Regelmäßigkeit und Konsistenz:

- **Beschreibung:**
Anerkennung sollte regelmäßig und konsistent erfolgen, um ihre Wirkung zu maximieren.

- **Praxis:**
Etablieren Sie einen festen Zeitplan für Anerkennungsveranstaltungen oder -kommunikationen, um sicherzustellen, dass diese regelmäßig stattfinden.

5. Individualisierung:

- **Beschreibung:**
Passen Sie die Anerkennung an die individuellen Präferenzen der Mitarbeiter an, um ihre Bedeutung zu erhöhen.

- **Praxis:**
Lernen Sie die Vorlieben Ihrer Mitarbeiter kennen und bieten Sie personalisierte Anerkennungen, die auf ihre Interessen und Motivationen abgestimmt sind.

6. Transparente Kriterien:

- **Beschreibung:**
  Legen Sie transparente Kriterien für die Anerkennung fest, um Fairness und Gleichheit sicherzustellen.

- **Praxis:**
  Kommunizieren Sie klar, welche Leistungen oder Verhaltensweisen anerkannt werden und wie die Entscheidungen getroffen werden.

7. Integration in die Unternehmenskultur:

- **Beschreibung:**
  Integrieren Sie das Anerkennungsprogramm in die Unternehmenskultur, um dessen Nachhaltigkeit zu gewährleisten.

- **Praxis:**
  Verknüpfen Sie das Programm mit den Unternehmenswerten und -zielen und fördern Sie eine Kultur, in der Anerkennung selbstverständlich ist.

Beispiel:
Ein Technologieunternehmen implementierte ein umfassendes Anerkennungsprogramm, das verschiedene Ebenen von Anerkennung umfasst.
Mitarbeiter konnten Kollegen für außergewöhnliche Leistungen vorschlagen, die dann in einer monatlichen Teamversammlung gewürdigt wurden.
Zusätzlich wurden persönliche Dankesbriefe vom Management verschickt, um besondere Beiträge individuell zu honorieren.
Das Unternehmen führte auch vierteljährliche Auszeichnungen ein, die mit kleinen Geschenken oder zusätzlichen Urlaubstagen verbunden waren.

Ergebnis:

Das Anerkennungsprogramm führte zu einer deutlichen Steigerung der Mitarbeiterzufriedenheit und -motivation.
Die Mitarbeiter fühlten sich wertgeschätzt und ermutigt, ihre besten Leistungen zu erbringen.
Die positive Atmosphäre trug auch zur Verbesserung der Teamdynamik und zur Erhöhung der Mitarbeiterbindung bei.

Zusammenfassung:

Anerkennungsprogramme sind ein effektives Mittel, um eine Kultur der Wertschätzung in Unternehmen zu fördern.
Durch klare Ziele, Vielfalt in der Anerkennung, regelmäßige Durchführung und individuelle Anpassung können Unternehmen die Motivation und das Engagement ihrer Mitarbeiter nachhaltig steigern.
Solche Programme tragen dazu bei, ein positives Arbeitsumfeld zu schaffen, das sowohl die Leistung als auch die Zufriedenheit der Mitarbeiter erhöht.

Zielfindung und Zieldefinierung

Ohne Ziel kein Kurs, Zielfindung und Zieldefinierung sind essenzielle Bestandteile sowohl persönlicher als auch beruflicher Entwicklung.
Sie geben Orientierung, schaffen Klarheit und mobilisieren Motivation.
In diesem Teil geht es darum, wie wir sinnvolle Ziele identifizieren, definieren und so formulieren, dass sie erreichbar, relevant und inspirierend sind.

1. Was ist ein Ziel?

Ein Ziel ist ein bewusst gesetzter Zustand, den man in der Zukunft erreichen möchte.

- **Es ist mehr als ein bloßer Wunsch:**
  Ein Ziel ist mit Absicht, Planung und Handlungsbereitschaft verbunden.

- **Wunsch:**
  „Ich möchte gesünder leben."

- **Ziel:**
  „Ich treibe dreimal pro Woche 30 Minuten Sport und ernähre mich bis Jahresende zu 80 % pflanzlich."

ZITAT:

"Ein Ziel ohne Plan ist nur ein Wunsch"
von Antoine de Saint-Exupéry

Bedeutung:
Wenn Sie sich ein Ziel setzen, aber keinen Plan haben, um es zu erreichen, ist es unwahrscheinlich, dass Sie erfolgreich sein werden

---

2. Zielfindung: Der Weg zur Klarheit

Zielfindung beginnt mit Reflexion:

- Was ist mir wirklich wichtig?

- Was motiviert mich langfristig?

- Wofür möchte ich meine Energie einsetzen?

Hilfreiche Methoden zur Zielfindung:

- **Lebensrad**: Bereiche wie Beruf, Gesundheit, Beziehungen, Freizeit etc. bewerten – wo besteht Handlungsbedarf?

- **Innere Stimme hören**: Was würde ich tun, wenn ich nicht scheitern könnte?

- **Gefühlsanker**: Welche Erlebnisse haben mir bisher Energie gegeben? Wo möchte ich mehr davon?

3. Zieldefinierung: Vom vagen Wunsch zum konkreten Plan

Ein Ziel entfaltet seine Wirkung nur dann, wenn es klar und präzise formuliert ist.
Ein bewährtes Werkzeug ist die **SMART-Formel**: (s.144)

4. Zieltypen: Kurzfristig, langfristig,

wertebasiert Ziele lassen sich unterscheiden nach:

- **Kurzfristige Ziele**: z. B. ein Projekt bis nächste Woche abschließen.

- **Langfristige Ziele**: z. B. eine neue Sprache lernen, Karriere wechseln.

- **Wertebasierte Ziele**: z. B. ein authentisches, nachhaltiges Leben führen – diese geben übergeordnete Orientierung.

Ein starkes Ziel ist oft ein **Mix aus Kopf und Herz**:
Es spricht sowohl die Logik als auch die persönliche Sinnhaftigkeit an.

5. Stolperfallen vermeiden

- **Fremdgesteuerte Ziele**: Ziele, die nur Erwartungen anderer erfüllen, demotivieren auf Dauer.

- **Überambitionierte Ziele**: Unrealistische Pläne führen zu Frust statt Fortschritt.

- **Unkonkrete Ziele**: „Ich will erfolgreicher sein" – was heißt das konkret?

6. Vom Ziel zum Handeln: Planung und Umsetzung

Zielklarheit ist der erste Schritt. Danach folgt die Umsetzung:

- Teilziele und Milestones definieren

- Ressourcen und Unterstützung identifizieren

- Fortschritt regelmäßig überprüfen (z. B. mit Zieltagebuch oder App)

Fazit

Zielfindung und Zieldefinierung sind wie das Einstellen eines inneren Navigationssystems.

Wer sich die Zeit nimmt, seine Ziele bewusst zu entwickeln und konkret zu benennen, schafft die Basis für fokussiertes, selbstbestimmtes Handeln.

Ein gutes Ziel ist nicht nur ein Meilenstein auf dem Weg – es ist zugleich auch ein Spiegel unserer Werte, Träume und Potenziale.

Wie man realistische und erreichbare Ziele setzt

Das Setzen realistischer und erreichbarer Ziele ist entscheidend für den Erfolg sowohl auf individueller als auch auf organisatorischer Ebene. Gut definierte Ziele geben Orientierung, motivieren und helfen, den Fortschritt zu messen.
Hier sind einige Schritte und Strategien, um solche Ziele effektiv zu setzen:

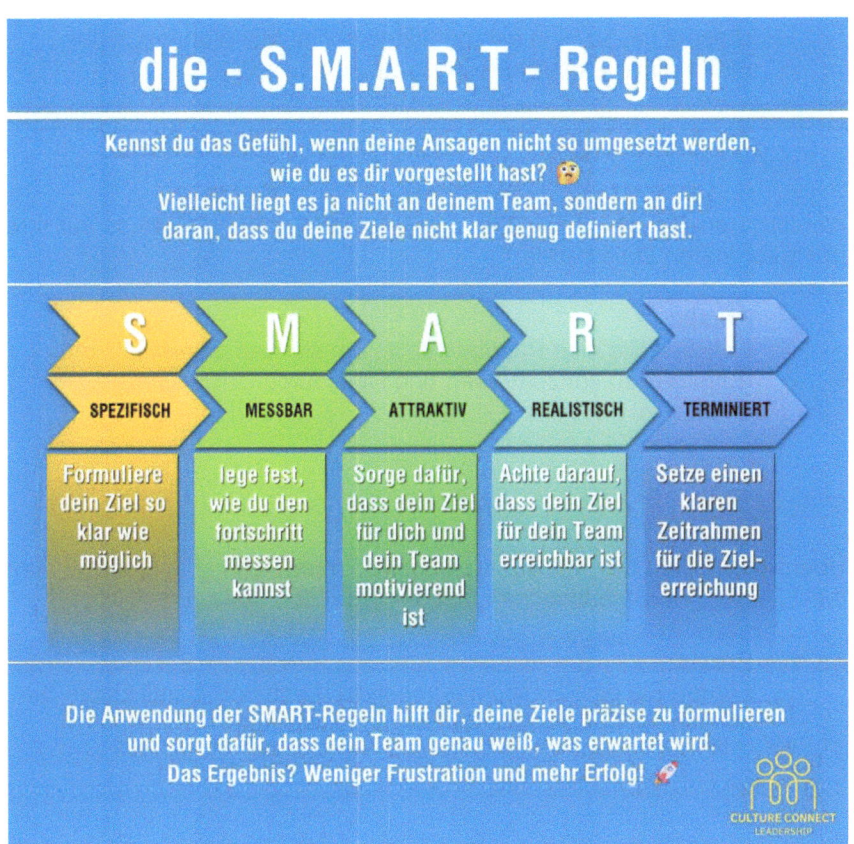

Die S.M.A.R.T – Formel

1. SMART-Kriterien anwenden:

Nutzen Sie die SMART-Kriterien, um sicherzustellen, dass Ihre Ziele **(S)**pezifisch, **(M)**essbar, **(A)**ttraktiv, **(R)**ealistisch und **(T)**erminiert sind.

- **Praxis:**
  Formulieren Sie Ziele klar und präzise, z.B.: „Erhöhen Sie den Umsatz um 10 % in den nächsten sechs Monaten durch die Einführung neuer Marketingstrategien."

2. Prioritäten setzen:

Identifizieren Sie die wichtigsten Ziele, die den größten Einfluss auf Ihre übergeordneten Ziele haben.

- **Praxis:**
  Erstellen Sie eine Prioritätenliste, um sich auf die wichtigsten Aufgaben zu konzentrieren und Ressourcenzuweisungen effizient zu gestalten.

3. Ressourcen und Fähigkeiten bewerten:

Überprüfen Sie die verfügbaren Ressourcen und Fähigkeiten, um festzustellen, ob sie ausreichen, um die gesetzten Ziele zu erreichen.

- **Praxis:**
  Führen Sie eine Ressourcenanalyse durch und identifizieren Sie potenzielle Engpässe oder Schulungsbedarfe.

4. Teilziele und Meilensteine definieren:

Brechen Sie größere Ziele in kleinere, überschaubare Teilziele und Meilensteine auf, um den Fortschritt zu verfolgen und zu feiern.

- **Praxis:**
  Setzen Sie wöchentliche oder monatliche Meilensteine, um den Fortschritt zu messen und gegebenenfalls Anpassungen vorzunehmen.

5. Flexibilität bewahren:

Seien Sie bereit, Ihre Ziele anzupassen, wenn sich Umstände ändern oder neue Informationen verfügbar werden.

- **Praxis:**
  Überprüfen Sie regelmäßig Ihre Ziele und passen Sie diese an, um sie mit aktuellen Entwicklungen und Prioritäten in Einklang zu bringen.

6. Motivierend und herausfordernd gestalten:

Ziele sollten motivierend und herausfordernd sein, aber dennoch erreichbar, um das Engagement zu fördern.

- **Praxis:**
  Setzen Sie sich Ziele, die Sie aus Ihrer Komfortzone herausführen, dabei aber realistisch bleiben, um Entmutigung zu vermeiden.

7. Feedback und Reflexion einplanen:

Planen Sie regelmäßige Feedback- und Reflexionssitzungen ein, um den Fortschritt zu bewerten und aus Erfahrungen zu lernen.

- **Praxis:**
  Führen Sie monatliche Reviews durch, um Erfolge zu feiern, Herausforderungen zu diskutieren und Lernpunkte zu identifizieren.

Zusammenfassung:

Das Setzen realistischer und erreichbarer Ziele erfordert sorgfältige Planung und regelmäßige Überprüfung.
Indem Sie die SMART-Kriterien anwenden, Prioritäten setzen, Ressourcen bewerten und flexibel bleiben, können Sie sicherstellen, dass Ihre Ziele erreichbar und motivierend sind.
Das Brechen von Zielen in Teilziele und die regelmäßige Reflexion über den Fortschritt helfen, den Fokus zu bewahren und Erfolge zu feiern.
Diese Strategien tragen dazu bei, sowohl individuelle als auch organisationale Erfolge zu sichern.

Zielorientierte Zusammenarbeit in Teams

Die zielorientierte Zusammenarbeit in Teams ist entscheidend für den Erfolg von Projekten und die Erreichung gemeinsamer Ziele. Ein klarer Fokus auf gemeinsame Ziele fördert die Zusammenarbeit, erhöht die Effizienz und verbessert die Teamdynamik.

Hier sind einige Strategien, um die zielorientierte Zusammenarbeit in Teams zu fördern:

1. Gemeinsame Ziele definieren:

Beginnen Sie mit der klaren Definition gemeinsamer Ziele, die von allen Teammitgliedern verstanden und unterstützt werden.

- **Praxis:**
  Organisieren Sie ein Kick-off-Meeting, um die Projektziele zu diskutieren und sicherzustellen, dass alle Teammitglieder ein gemeinsames Verständnis haben.

2. Rollen und Verantwortlichkeiten klarstellen:

Klare Rollenverteilung und Verantwortlichkeiten helfen, Missverständnisse zu vermeiden und die Effizienz zu steigern.

- **Praxis:**
  Erstellen Sie eine Rollenmatrix, die detailliert beschreibt, welche Aufgaben von welchen Teammitgliedern übernommen werden.

3. Effektive Kommunikation fördern:

Offene und regelmäßige Kommunikation ist entscheidend für die Abstimmung und den Informationsaustausch innerhalb des Teams.

- **Praxis:**
  Verwenden Sie Kommunikationsplattformen und regelmäßige Meetings, um Updates zu geben und offene Diskussionen zu ermöglichen.

4. Kollaborative Tools nutzen:

Nutzen Sie digitale Tools, die die Zusammenarbeit erleichtern und den Zugang zu Informationen verbessern.

- **Praxis:**
  Implementieren Sie Tools wie Projektmanagement-Software, gemeinsame Dokumentenplattformen und Kommunikations-Apps.

5. Feedback-Mechanismen einrichten:

Regelmäßiges Feedback hilft, den Fortschritt zu bewerten und notwendige Anpassungen vorzunehmen.

- **Praxis:**
  Führen Sie wöchentliche oder monatliche Feedback-Sitzungen durch, um Erfolge zu feiern und Verbesserungsbereiche zu identifizieren.

6. Teamgeist und Motivation stärken:

Ein starker Teamgeist und eine motivierende Arbeitsumgebung fördern die Zusammenarbeit und das Engagement.

- **Praxis:**
  Organisieren Sie Teambuilding-Aktivitäten und fördern Sie eine positive Teamkultur, in der Erfolge gemeinsam gefeiert werden.

7. Hindernisse frühzeitig erkennen und beseitigen:
Identifizieren und beseitigen Sie potenzielle Hindernisse frühzeitig, um den Fortschritt nicht zu behindern.

- **Praxis:**
  Führen Sie regelmäßige Risikoanalysen durch und entwickeln Sie Pläne zur Problemlösung.

Zusammenfassung:

Zielorientierte Zusammenarbeit in Teams erfordert klare Ziele, effektive Kommunikation und den Einsatz geeigneter Tools.
Durch die Definition gemeinsamer Ziele, die Klärung von Rollen und Verantwortlichkeiten und die Förderung einer offenen Kommunikationskultur können Teams effizienter und erfolgreicher arbeiten.
Regelmäßiges Feedback und die Stärkung des Teamgeistes tragen zusätzlich dazu bei, den Teamzusammenhalt zu fördern und die Motivation der Teammitglieder zu steigern.
Diese Strategien helfen, die kollektive Leistung zu maximieren und die gesetzten Ziele zu erreichen.

Praxistipp: Zielsetzungstechniken für interkulturelle Teams

Interkulturelle Teams bringen eine Vielzahl von Perspektiven, Erfahrungen und Arbeitsstilen mit sich. Die effektive Zielsetzung in solchen Teams erfordert besondere Techniken, um die Vielfalt zu nutzen und sicherzustellen, dass alle Teammitglieder auf gemeinsame Ziele hinarbeiten. Hier sind einige Praxistipps für die Zielsetzung in interkulturellen Teams:

1. Kulturelle Unterschiede berücksichtigen:

Verstehen Sie die kulturellen Unterschiede und Kommunikationsstile der Teammitglieder, um Missverständnisse zu vermeiden.

- **Praxis:**
  Führen Sie interkulturelle Trainings durch, um das Bewusstsein für kulturelle Unterschiede zu schärfen und die Zusammenarbeit zu verbessern.

2. Inklusive Zielentwicklungsprozesse:

Beziehen Sie alle Teammitglieder in den Prozess der Zielentwicklung ein, um eine breite Akzeptanz und Unterstützung zu gewährleisten.

- **Praxis:**
  Organisieren Sie Workshops oder Brainstorming-Sitzungen, bei denen alle Teammitglieder ihre Ideen und Perspektiven einbringen können.

3. Klare und einfache Kommunikation:

Verwenden Sie klare und einfache Sprache bei der Definition von Zielen, um sicherzustellen, dass alle Teammitglieder diese verstehen.

- **Praxis:**
  Bereitstellen von schriftlichen Zielbeschreibungen und visuellen Hilfsmitteln, um die Verständlichkeit zu erhöhen.

4. SMART-Ziele anpassen

Passen Sie die SMART-Kriterien an die interkulturelle Dynamik des Teams an, um sicherzustellen, dass die Ziele für alle relevant und erreichbar sind.

- **Praxis:**
  Diskutieren Sie, wie spezifische, messbare, erreichbare, relevante und zeitgebundene Ziele im Kontext der kulturellen Vielfalt umgesetzt werden können.

5. Kollaborative digitale Plattformen:

Nutzen Sie digitale Plattformen, die die Zusammenarbeit erleichtern und den Zugang zu Informationen ermöglichen.

- **Praxis:**
  Implementieren Sie Tools wie Trello, Asana oder Microsoft Teams, um die Transparenz und das Engagement bei der Zielverfolgung zu fördern.

6. Kontinuierliche Überprüfung und Anpassung:

Überprüfen und passen Sie die Ziele regelmäßig an, um sicherzustellen, dass sie relevant bleiben und den aktuellen Anforderungen entsprechen.

- **Praxis:**
  Planen Sie regelmäßige Meetings, um den Fortschritt zu bewerten und gegebenenfalls Anpassungen vorzunehmen.

7. Erfolge feiern und anerkennen:

Feiern und anerkennen Sie die Erreichung von Zielen, um die Motivation zu steigern und den Teamgeist zu fördern.

- **Praxis:**
  Organisieren Sie regelmäßige Anerkennungsveranstaltungen oder virtuelle Feiern, um Erfolge zu würdigen.

149

Zusammenfassung:

Die Zielsetzung in interkulturellen Teams erfordert einen bewussten und inklusiven Ansatz, der die kulturelle Vielfalt berücksichtigt. Durch die Berücksichtigung kultureller Unterschiede, die Einbindung aller Teammitglieder in den Zielentwicklungsprozess und die Anpassung von SMART-Zielen können Teams effektiver zusammenarbeiten.

Klare Kommunikation, kontinuierliche Überprüfung und die Feier von Erfolgen tragen dazu bei, die Motivation und den Zusammenhalt im Team zu stärken. Diese Techniken helfen, die Potenziale interkultureller Teams voll auszuschöpfen und gemeinsame Ziele erfolgreich zu erreichen.

Kapitel 7
Dynamik in interkulturellen Teams

Dynamik in Interkulturellen Teams

Gruppen- und Teamdynamik

In der heutigen globalisierten Welt sind interkulturelle Teams in vielen Organisationen zur Norm geworden.
Diese Teams bestehen aus Mitgliedern, die unterschiedliche kulturelle Hintergründe, Werte und Arbeitsstile mitbringen.
Während diese Diversität eine Quelle für Innovation und Kreativität sein kann, stellt sie auch spezifische Herausforderungen dar, die es zu bewältigen gilt.
Das Verständnis der Dynamiken in solchen Teams ist entscheidend, um Synergien zu schaffen und die Teamleistung zu optimieren.

Dynamiken in diversen Teams verstehen

Interkulturelle Teams sind geprägt von einer Vielzahl von kulturellen Einflüssen, die die Teamdynamik auf unterschiedliche Weise beeinflussen. Diese Dynamiken zu verstehen und zu managen, ist entscheidend für den Erfolg und die Effektivität des Teams.

Kulturelle Werte und Normen:

Kulturelle Werte beeinflussen, wie Menschen arbeiten, kommunizieren und Entscheidungen treffen.
Diese Werte können in verschiedenen Kulturen stark variieren, was zu Missverständnissen und Spannungen führen kann, wenn sie nicht angemessen adressiert werden.

Beispiel:
In einem multinationalen Team bei einem Technologieunternehmen kam es zu Reibungen, weil einige Mitglieder aus Kulturen mit flachen Hierarchien schnell Entscheidungen treffen wollten, während andere aus stark hierarchischen Kulturen eine formelle Zustimmung durch die Führung erwarteten.
Durch interkulturelle Trainings konnte das Verständnis füreinander

gestärkt und ein gemeinsamer Entscheidungsprozess etabliert werden.

Kommunikationsstile:

Kommunikationsstile sind oft kulturell geprägt und können von direkter zu indirekter Kommunikation reichen.
Dies beeinflusst, wie Teammitglieder Informationen teilen und auf Feedback reagieren.

Beispiel:
Ein Projektteam, das an einem internationalen Marketingprojekt arbeitet, stellte fest, dass Missverständnisse auftraten, weil Mitglieder aus direkter kommunizierenden Kulturen (z.b. USA) die Zurückhaltung ihrer Kollegen aus indirekter kommunizierenden Kulturen (z.b. Japan) als Ablehnung interpretierten.
Durch die Einführung klarer Kommunikationsrichtlinien und die Nutzung von Mediatoren zur Klärung von Missverständnissen wurde die Zusammenarbeit verbessert.

Hierarchie und Machtverhältnisse:

Hierarchische Strukturen und die Wahrnehmung von Autorität können die Teamdynamik erheblich beeinflussen.
In Kulturen mit stark ausgeprägten Hierarchien wird Autorität oft respektiert, während in egalitäreren Kulturen Entscheidungsprozesse partizipativer sind.

Beispiel:
In einem globalen Finanzteam führte die unterschiedliche Auffassung von Hierarchie zu Konflikten darüber, wer Entscheidungen treffen sollte.
Durch die Schaffung eines hybriden Führungsmodells, das sowohl hierarchische als auch partizipative Elemente integrierte, konnte das Team effizienter arbeiten.

Gruppendynamik-Modell von Raoul Schindler

Das Gruppendynamik-Modell von Raoul Schindler analysiert die Interaktionen und Prozesse innerhalb von Gruppen, indem es die Entwicklung, Struktur und Dynamik in sozialen Kontexten untersucht.
Ein zentrales Element des Modells ist die Phasenstruktur, die typischerweise als Formierung, Konfliktphase (Storming), Normenbildung (Norming) und Leistungsphase (Performing) beschrieben wird.
Schindler legt besonderen Wert auf die emotionale Dimension der Gruppeninteraktion, die maßgeblich zur Stabilität oder Instabilität einer Gruppe beitragen kann.

Phasen	Aufgabenstellung	Beziehungsdynamik
FORMING	Aufgabenformulierung	• Kontaktaufnahme • Unsicherheit im Umgang miteinander
STORMING	Klärung der Rollen und Aufgabenverteilung	• Rangordnung wird ausgehandelt • Häufiger Rollenwechsel • Mögliche Konflikte
NORMING	Normen und Werte festlegen	• Rangordnung wird etabliert • Gegenseitige Akzeptanz
PREFORMING	Arbeitsprozess / Aufgabenausführung	• Teamstruktur ist funktional zur Aufgabenstruktur • Team ist leistungsfähig und produktiv

Randdynamik-Modell von Raoul Schindler

Gruppen Hierarchien nach nach
Schindlers Modell der Rangdynamik

Ergänzend zu diesen Phasen beschreibt das Modell verschiedene Rollen innerhalb einer Gruppe, die oft als:

Alpha, Beta, Gamma und **Omega**

bezeichnet werden.

Der Alpha
übernimmt die Führungsrolle und steuert die Richtung der Gruppe mit
Selbstbewusstsein und Dominanz.

Beta-Mitglieder
unterstützen den Alpha und tragen zur Stabilität der Gruppe bei, indem sie
in bestimmten Situationen auch Führungsverantwortung übernehmen
können.

Gamma-Mitglieder
agieren im Hintergrund, bringen kreative Ideen ein und sorgen für
emotionale Unterstützung, haben jedoch weniger Einfluss als Alpha oder
Beta.

Omega-Mitglieder
stehen häufig am unteren Ende der Hierarchie und benötigen oft
Unterstützung, um sich in die Gruppe zu integrieren und aktiv
teilzunehmen.
Der Omega kann, wenn er sich abkapseln sollte allerdings auch zur Gefahr
für die Alphas, Betas und Omegas werden

Schindlers Modell bietet einen umfassenden Rahmen, um zu verstehen,
wie Gruppen funktionieren, welche Herausforderungen sie bewältigen
müssen und wie die Zusammenarbeit gefördert werden kann. Es hilft, die
verschiedenen Funktionen und Dynamiken innerhalb von Gruppen zu
identifizieren und zu analysieren, um effektive Teamarbeit zu unterstützen.

BUCHTIPP:
Wie funktioniert Gruppendynamik? Das rangdynamische Positionsmodell
nach Raoul Schindler

ISBN (eBook) 9783668944909
ISBN (Buch) 9783668944916

Konfliktbewältigung:

Die Art und Weise, wie Konflikte gelöst werden, variiert stark zwischen Kulturen. Während einige Kulturen direkten Konfrontationen nicht abgeneigt sind, bevorzugen andere subtile und indirekte Wege der Konfliktlösung.

Beispiel:
In einem internationalen Beratungsunternehmen wurde ein Konflikt zwischen zwei Abteilungen durch einen Vermittler gelöst, der beide Seiten dazu brachte, ihre Perspektiven in einer sicheren Umgebung auszutauschen.
Dies half, kulturelle Missverständnisse zu klären und eine für beide Seiten akzeptable Lösung zu finden.

Gruppenzusammenhalt und Identität:

Ein starkes Wir-Gefühl und eine gemeinsame Identität sind entscheidend für den Teamerfolg.
In interkulturellen Teams kann es jedoch schwierig sein, diese zu entwickeln, da kulturelle Unterschiede die Wahrnehmung von Zugehörigkeit beeinflussen können.

Beispiel:
Ein weltweit tätiges Unternehmen führte regelmäßige virtuelle Teambuilding-Aktivitäten ein, um den Zusammenhalt in seinen interkulturellen Teams zu stärken.
Diese Aktivitäten wurden so gestaltet, dass sie die kulturelle Vielfalt feierten und das Gefühl der Zugehörigkeit förderten.

Strategien zur Förderung positiver Dynamik:

- **Kulturelle Sensibilisierung:**
  Regelmäßige Schulungen und Workshops fördern das Verständnis für kulturelle Unterschiede und stärken die interkulturelle Kompetenz.

- **Offene Kommunikationskanäle:**
  Eine offene und transparente Kommunikationskultur unterstützt den Austausch und reduziert Missverständnisse.

- **Flexible Arbeitsmethoden:**
  Die Anpassung von Arbeitsmethoden an die kulturellen Präferenzen der Teammitglieder fördert die Akzeptanz und Effizienz.

- **Team-Building-Aktivitäten:**
  Gezielte Aktivitäten stärken den Zusammenhalt und das Vertrauen innerhalb des Teams.

Zusammenfassung:

Interkulturelle Teams bieten ein enormes Potenzial für Innovation und Erfolg.
Um dieses Potenzial auszuschöpfen, ist es entscheidend, die Dynamiken in solchen Teams zu verstehen und zu managen.
Durch gezielte Maßnahmen zur Förderung von Verständnis, Kommunikation und Zusammenarbeit können interkulturelle Teams effektivere Ergebnisse erzielen und die Herausforderungen der kulturellen Vielfalt in Chancen verwandeln.

Strategien zur Verbesserung der Teamarbeit

Die Verbesserung der Teamarbeit in interkulturellen Teams ist entscheidend, um deren volles Potenzial auszuschöpfen. Interkulturelle Teams bieten eine breite Palette von Perspektiven und Fähigkeiten, die, wenn sie effektiv genutzt werden, zu innovativen Lösungen und erhöhter Produktivität führen können.
Hier sind einige Strategien, um die Teamarbeit in solchen Teams zu verbessern, zusammen mit praxisnahen Beispielen.

1. Kulturelle Sensibilisierung und Bildung:

Ein tiefes Verständnis der kulturellen Unterschiede und Gemeinsamkeiten innerhalb des Teams ist die Grundlage für eine effektive Zusammenarbeit. Kulturelle Sensibilisierung hilft dabei, Missverständnisse zu vermeiden und das gegenseitige Verständnis zu fördern.

Beispiel:
Ein global agierendes Unternehmen führte vierteljährliche interkulturelle Trainings durch, in denen die Teammitglieder die Möglichkeit hatten, die Kulturen ihrer Kollegen besser kennenzulernen.
Diese Trainings umfassten Rollenspiele und Diskussionen über kulturelle Normen und Kommunikationsstile, was zu einer deutlichen Verbesserung der internen Kommunikation und des Teamzusammenhalts führte.

2. Förderung von offener Kommunikation:

Offene und transparente Kommunikation ist entscheidend, um Vertrauen und Zusammenarbeit im Team zu stärken. Es ist wichtig, Kommunikationswege zu schaffen, die alle Teammitglieder einbeziehen.

Beispiel:
Ein internationales Projektteam implementierte ein wöchentliches virtuelles Meeting, in dem jedes Mitglied die Möglichkeit hatte, seine Fortschritte und Herausforderungen zu teilen.
Diese regelmäßigen Updates förderten die Transparenz und halfen, potenzielle Probleme frühzeitig zu erkennen und anzugehen.

3. Etablierung klarer Ziele und Rollen:

Klare Ziele und Rollen helfen, die Erwartungen zu steuern und die Verantwortlichkeiten innerhalb des Teams zu klären. Dies ist besonders wichtig in interkulturellen Teams, in denen unterschiedliche Auffassungen von Hierarchie und Verantwortung bestehen können.

Beispiel:
Ein multinationales Team in einem Beratungsunternehmen definierte gemeinsam klare Projektziele und erstellte eine Aufgabenmatrix, die die Verantwortlichkeiten jedes Mitglieds detailliert darstellte. Diese Klarheit half, Missverständnisse zu vermeiden und die Effizienz des Teams zu steigern.

4. Nutzung von Technologie zur Unterstützung der Zusammenarbeit:

Der Einsatz von Technologien kann die Zusammenarbeit in interkulturellen Teams erheblich erleichtern, insbesondere wenn die Teammitglieder über verschiedene Zeitzonen verteilt sind.

Beispiel:
Ein globales Marketingteam nutzte Kollaborationstools wie Slack und Trello, um die Kommunikation zu erleichtern und Projekte zu organisieren.
Diese Tools ermöglichten es dem Team, Informationen in Echtzeit zu teilen und den Fortschritt zu verfolgen, was die Effizienz und Reaktionsfähigkeit des Teams verbesserte.

5. Förderung von Inklusivität und Diversität:

Inklusivität und die Wertschätzung der Vielfalt innerhalb des Teams tragen dazu bei, dass alle Stimmen gehört und respektiert werden.
Dies führt zu einem stärkeren Zusammengehörigkeitsgefühl und fördert die Kreativität.

Beispiel:
Ein internationales Unternehmen führte ein Programm ein, das die Diversität feierte und den Austausch von Kulturen förderte.
Dazu gehörten kulturelle Events und ein „Kultur des Monats"-Programm, bei dem Teammitglieder ihre Kultur durch Präsentationen und Aktivitäten vorstellen konnten.
Diese Initiativen stärkten das Gemeinschaftsgefühl und die Wertschätzung für die kulturelle Vielfalt im Team.

6. Regelmäßige Feedback- und Reflexionssitzungen:

Regelmäßiges Feedback und Reflexion sind wichtig, um den Fortschritt zu bewerten und Lernmöglichkeiten zu identifizieren. Diese Sitzungen sollten die Möglichkeit bieten, über Erfolge und Herausforderungen zu sprechen.

Beispiel:
Ein internationales Entwicklungsprojekt führte monatliche Reflexionssitzungen durch, in denen Teammitglieder ihre Erfahrungen teilten und Vorschläge zur Verbesserung der Zusammenarbeit machten.
Diese Sitzungen förderten eine Kultur des kontinuierlichen Lernens und der Verbesserung.

Zusammenfassung:

Die Verbesserung der Teamarbeit in interkulturellen Teams erfordert gezielte Strategien, die auf die besonderen Herausforderungen und Chancen solcher Teams eingehen.
Durch kulturelle Sensibilisierung, offene Kommunikation, klare Zielsetzung, den Einsatz von Technologie, die Förderung von Inklusivität und regelmäßiges Feedback können interkulturelle Teams effektiver zusammenarbeiten und ihr volles Potenzial entfalten.
Diese Maßnahmen tragen dazu bei, eine positive Teamdynamik zu schaffen und die gemeinsamen Ziele erfolgreich zu erreichen.

Vera F. Birkenbihl: Teamdynamik und Kommunikation

Die Lernforscherin Vera F. Birkenbihl war eine bekannte deutsche Managementtrainerin und Autorin und Esoterikerin, die sich intensiv mit den Themen Kommunikation und Lerntechniken befasste.
Ihre Ansätze zur Teamdynamik und Kommunikation bieten wertvolle Einblicke, insbesondere für interkulturelle Teams, die mit unterschiedlichen Kommunikationsstilen und kulturellen Hintergründen arbeiten.

Grundprinzipien der Birkenbihl-Methode:

1. Verstehen statt Auswendiglernen:

Beschreibung:
Birkenbihl betonte stets, dass Verstehen wichtiger ist als das bloße Auswendiglernen.
In der Teamkommunikation bedeutet dies, dass Teammitglieder wirklich verstehen sollten, was andere sagen, anstatt nur auf vorgefasste Meinungen oder oberflächliche Informationen zu reagieren.

> *Beispiel:*
> *In einem internationalen Team könnte dies bedeuten, dass bei Meetings Zeit eingeräumt wird, um sicherzustellen, dass alle Mitglieder die besprochenen Themen vollständig verstehen.*
> *Dies kann durch Paraphrasieren oder Zusammenfassen der Informationen durch verschiedene Teammitglieder erreicht werden.*

2. Aktives Zuhören:

Beschreibung:
Ein zentraler Aspekt ihrer Methode ist das aktive Zuhören, das beinhaltet, sich voll und ganz auf den Sprecher zu konzentrieren, zu verstehen, zu antworten und sich zu merken, was gesagt wurde.

> *Beispiel:*
> *In einem interkulturellen Team könnte aktives Zuhören durch Übungen gefördert werden, bei denen Teammitglieder die Aussagen ihrer Kollegen reflektieren und darauf aufbauend Fragen stellen, um sicherzustellen, dass alle Nuancen der Kommunikation erfasst werden.*

3. Meta-Kommunikation:

Beschreibung:
Birkenbihl legte Wert auf die Bedeutung der Meta-Kommunikation, also der Kommunikation über die Kommunikation.
Dies hilft, Missverständnisse zu klären und Kommunikationsmuster zu verbessern.

> *Beispiel:*
> *Teams können regelmäßige Sessions einführen, in denen sie die Art und Weise ihrer Kommunikation reflektieren und analysieren, um zu verstehen, welche Kommunikationsmethoden am effektivsten sind und welche verbessert werden könnten.*

4. Kulturelle Unterschiede respektieren:

Beschreibung:
Birkenbihl erkannte die Bedeutung kultureller Unterschiede in der Kommunikation und betonte die Notwendigkeit, diese zu respektieren und anzuerkennen.

Beispiel:
In einem interkulturellen Team könnte dies bedeuten, dass Teammitglieder ermutigt werden, ihre kulturellen Kommunikationsstile zu teilen und zu erklären, um das gegenseitige Verständnis zu fördern.

5. Gehirn-gerechtes Lernen und Arbeiten:

Beschreibung:
Ihre Methode betont das „gehirn-gerechte" Lernen und Arbeiten, was bedeutet, dass Informationen in einer Weise präsentiert werden sollten, die dem natürlichen Lernprozess des Gehirns entspricht.

Beispiel:
In einem Teamumfeld könnte dies durch den Einsatz von visuellen Hilfsmitteln, Geschichten und Analogien geschehen, um komplexe Informationen verständlicher zu machen.

Zusammenfassung:

Die Ansätze von Vera F. Birkenbihl zur Teamdynamik und Kommunikation bieten wertvolle Werkzeuge für die Verbesserung der Zusammenarbeit in interkulturellen Teams.
Durch das Fördern von Verständnis, aktivem Zuhören, Meta-Kommunikation und Respekt für kulturelle Unterschiede können Teams effektiver kommunizieren und ihre Zusammenarbeit verbessern.
Diese Prinzipien helfen nicht nur, Missverständnisse zu reduzieren, sondern stärken auch das Vertrauen und den Zusammenhalt im Team, was zu einer höheren Produktivität und Zufriedenheit führt

Praxistipp: Teambuilding-Übungen

Teambuilding-Übungen sind ein effektives Mittel, um die Dynamik in interkulturellen Teams zu stärken und die Kommunikation zu verbessern. Sie fördern das Verständnis der Teammitglieder untereinander, bauen Vertrauen auf und helfen, kulturelle Barrieren zu überwinden. Hier sind einige praxisorientierte Teambuilding-Übungen, die auf den in den letzten Beiträgen diskutierten Konzepten basieren:

1. Kulturelle Austauschworkshops:

Ziel:
Förderung des kulturellen Verständnisses und Respekts innerhalb des Teams.

Beschreibung:
Jedes Teammitglied bereitet eine kurze Präsentation oder Aktivität vor, die einen Aspekt seiner Kultur hervorhebt, sei es durch eine Geschichte, ein traditionelles Spiel oder ein kulinarisches Erlebnis.

Beispiel:
In einem internationalen IT-Team kann ein Mitglied aus Indien ein traditionelles Spiel vorstellen, während ein Mitglied aus Brasilien eine kulinarische Spezialität teilt.

Diese Workshops fördern das gegenseitige Verständnis und den Respekt für die kulturelle Vielfalt.

2. Aktives Zuhören-Runden:

Ziel:
Verbesserung der Kommunikationsfähigkeiten und des aktiven Zuhörens.

Beschreibung:
In kleinen Gruppen erzählt ein Teammitglied von einem beruflichen Erfolg oder einer Herausforderung, während die anderen Mitglieder aktiv zuhören und anschließend Fragen stellen, die auf das Gehörte eingehen.

Beispiel:
Ein Teammitglied aus dem Marketing erzählt von einer erfolgreichen Kampagne, während die anderen Mitglieder gezielte Fragen stellen, um mehr über die Strategie und die Herausforderungen zu erfahren.

Diese Übung stärkt das Verständnis und die Kommunikationsfähigkeiten der Teilnehmer.

3. Teamrollen-Workshops:

Ziel:
Klärung von Rollen und Verantwortlichkeiten innerhalb des Teams.

Beschreibung:
Jedes Teammitglied beschreibt seine aktuelle Rolle und die damit verbundenen Verantwortlichkeiten.
Anschließend diskutiert das Team, wie diese Rollen besser auf die gemeinsamen Ziele abgestimmt werden können.

Beispiel:
In einem multinationalen Projektteam erläutern die Mitglieder ihre Rollen, und das Team diskutiert, wie jeder zur Erreichung der Projektziele beitragen kann.

Diese Übung hilft, Missverständnisse zu vermeiden und die Effizienz zu steigern.

4. Meta-Kommunikationssitzungen:

Ziel:
Verbesserung der Teamkommunikation durch Reflexion über Kommunikationsmuster.

Beschreibung:
Das Team reflektiert in regelmäßigen Abständen über die genutzten Kommunikationsmethoden und sucht nach Möglichkeiten, diese zu verbessern.

Beispiel:
Ein interdisziplinäres Forschungsteam analysiert, wie Informationen ausgetauscht werden, und entwickelt neue Richtlinien, um die Zusammenarbeit effizienter zu gestalten.
Diese Sitzungen fördern das Bewusstsein für Kommunikationsmuster und deren Auswirkungen.

5. Vertrauensübungen:

Ziel:
Aufbau von Vertrauen und Stärkung des Zusammenhalts im Team.

Beschreibung:
Übungen wie „Vertrauensfall" oder „Blinde Führung" erfordern, dass Teammitglieder sich aufeinander verlassen und zusammenarbeiten, um Aufgaben zu bewältigen.

Beispiel:
Ein globales Vertriebsteam führt eine „Blinde Führung"-Übung durch, bei der ein Mitglied mit verbundenen Augen von einem anderen durch einen einfachen Hindernisparcours geführt wird.

Diese Übungen stärken das Vertrauen und den Zusammenhalt im Team.

Zusammenfassung:

Teambuilding-Übungen, die auf den Prinzipien der kulturellen Sensibilisierung, des aktiven Zuhörens, der klaren Rollenverteilung, der Meta-Kommunikation und des Vertrauens basieren, können die Zusammenarbeit in interkulturellen Teams erheblich verbessern.

Indem sie das gegenseitige Verständnis fördern und Kommunikationsbarrieren abbauen, tragen diese Übungen dazu bei, eine positive Teamdynamik zu schaffen, die für den Erfolg von Projekten und die Zufriedenheit der Teammitglieder entscheidend ist.

Hürden in interkulturellen und transkulturellen Teams

In der globalisierten Arbeitswelt sind interkulturelle und transkulturelle Teams unverzichtbar.
Diese Teams bestehen aus Mitgliedern, die aus verschiedenen kulturellen Hintergründen kommen und unterschiedliche Perspektiven, Arbeitsstile und Werte in das Team einbringen.
Während diese Vielfalt zahlreiche Vorteile bietet, bringt sie auch spezifische Herausforderungen mit sich, die es zu überwinden gilt, um die Teamleistung zu optimieren.

Identifizierung von Hürden

Die Identifizierung der Hürden, die interkulturelle und transkulturelle Teams behindern können, ist der erste Schritt, um effektive Strategien zur Überwindung dieser Barrieren zu entwickeln.
Im Folgenden werden einige der häufigsten Hürden detailliert beschrieben, zusammen mit Lösungsmethoden, um diese Herausforderungen zu bewältigen:

1. Kommunikationsbarrieren:

Beschreibung:
Sprachunterschiede und verschiedene Kommunikationsstile können erhebliche Barrieren darstellen.
Diese betreffen sowohl die verbale als auch die nonverbale Kommunikation.
Direkte Kommunikation kann in einigen Kulturen als unhöflich empfunden werden, während indirekte Kommunikation als ausweichend wahrgenommen werden kann.

- **Interkulturelle Kommunikationstrainings:**
  Regelmäßige Schulungen, die Teammitgliedern helfen, die
  Kommunikationsstile und -präferenzen ihrer Kollegen besser zu
  verstehen.

- **Verwendung klarer und einfacher Sprache:**
  Förderung der Nutzung einer klaren und einfachen Sprache,
  um Missverständnisse zu minimieren.

- **Visuelle Hilfsmittel:**
  Einsatz von visuellen Hilfsmitteln wie Diagrammen und
  Präsentationen, um komplexe Informationen verständlicher zu
  machen.

2. Kulturelle Missverständnisse:

Beschreibung:
Unterschiedliche kulturelle Normen und Werte können zu
Fehlinterpretationen führen.
Diese Missverständnisse können soziale Interaktionen,
Entscheidungsprozesse und die Wahrnehmung von Autorität
beeinflussen.

Lösungsmethoden:

- **Kulturelle Austauschprogramme:**
  Initiativen, bei denen Teammitglieder kulturelle Werte und
  Traditionen teilen, um das gegenseitige Verständnis zu erhöhen.

- **Workshops zur kulturellen Sensibilisierung:**
  Workshops, die darauf abzielen, das Bewusstsein für kulturelle
  Unterschiede zu schärfen und Vorurteile abzubauen.

- **Mentoring-Programme:**
  Erfahrene Mitarbeiter aus verschiedenen Kulturen können als
  Mentoren fungieren, um kulturelle Brücken zu schlagen.

3. Unterschiede in der Arbeitsweise und im Führungsstil:

Beschreibung:
Verschiedene Kulturen haben unterschiedliche Ansätze zur Arbeitsorganisation und zum Management.
Diese Unterschiede können zu Konflikten über Arbeitsmethoden und Entscheidungsprozesse führen.

Lösungsmethoden:

- **Hybrid-Managementmodelle:**
  Entwicklung von Führungsmodellen, die sowohl hierarchische als auch partizipative Elemente integrieren.

- **Flexible Arbeitsmethoden:**
  Anpassung von Arbeitsmethoden, die kulturelle Präferenzen berücksichtigen, z.B. durch die Schaffung von flexiblen Arbeitszeiten und Entscheidungsprozessen.

- **Partizipative Entscheidungsfindung:**
  Förderung von Entscheidungsprozessen, die die Meinungen aller Teammitglieder berücksichtigen.

4. Vorurteile und Stereotypen:

Beschreibung:
Vorurteile und Stereotypen können die Wahrnehmung und Interaktion zwischen Teammitgliedern negativ beeinflussen.
Diese unbewussten Annahmen können die Zusammenarbeit innerhalb von Interkulturellen Teams behindern.

Lösungsmethoden:

- **Bewusstseinsschulungen zu unbewussten Vorurteilen:**
  Schulungen, die darauf abzielen, unbewusste Vorurteile zu identifizieren und abzubauen.

- **Förderung einer inklusiven Kultur:**
  Schaffung eines Arbeitsumfelds, in dem Vielfalt gefeiert und respektiert wird.

- **Regelmäßige Feedback-Sitzungen:**
  Etablierung von Feedback-Sitzungen, in denen Teammitglieder offen über ihre Erfahrungen und Herausforderungen sprechen können.

5. Ungleiche Beteiligung und Engagement:

Beschreibung:
Sprachbarrieren oder kulturelle Unterschiede können dazu führen, dass
einige Teammitglieder weniger aktiv an Diskussionen teilnehmen.
Dies kann zu einem Ungleichgewicht führen, bei dem bestimmte Stimmen
dominieren.

Lösungsmethoden:

- **Förderung der aktiven Teilnahme:**
  Ermutigung aller Teammitglieder, ihre Meinungen und Ideen zu
  teilen, z.B. durch strukturierte Gesprächsrunden.

- **Technologien zur Unterstützung der Zusammenarbeit:**
  Einsatz von Tools, die die Zusammenarbeit fördern und es allen
  Teammitgliedern ermöglichen, sich einzubringen, unabhängig
  von ihrem Standort oder ihrer Sprachkompetenz.

- **Team-Building-Aktivitäten:**
  Regelmäßige Aktivitäten, die darauf abzielen, das Vertrauen und
  den Zusammenhalt im Team zu stärken.

Zusammenfassung:

Die Identifizierung und das Verständnis der Hürden in interkulturellen und
transkulturellen Teams sind entscheidend für die Entwicklung effektiver
Strategien zur Förderung der Zusammenarbeit.
Durch gezielte Maßnahmen zur Stärkung des kulturellen Verständnisses,
der Kommunikation und der Inklusivität können diese Hürden überwunden
werden, was zu einer verbesserten Teamdynamik und Leistung führt.
Die Anerkennung und Nutzung der Vielfalt als Stärke ist der Schlüssel zu
erfolgreicher Zusammenarbeit in einer globalisierten Welt. Indem Teams
diese Herausforderungen proaktiv angehen und Lösungen
implementieren, können sie ihre Wettbewerbsfähigkeit steigern und
Innovationen fördern.

Maßnahmen zur Überwindung kultureller Barrieren

Die Überwindung kultureller Barrieren in interkulturellen und transkulturellen Teams ist entscheidend für eine effektive Zusammenarbeit und die Erreichung gemeinsamer Ziele.
Kulturelle Barrieren können Missverständnisse verursachen, die Kommunikation erschweren und die Teamdynamik beeinträchtigen. Hier sind einige gezielte Maßnahmen, um diese Barrieren erfolgreich zu überwinden:

1. Interkulturelle Trainings und Workshops:

Ziel: Das Bewusstsein für kulturelle Unterschiede schärfen und Verständnis fördern.

Maßnahmen:

- Organisieren Sie regelmäßige interkulturelle Trainings, die Teammitgliedern helfen, die Kulturen ihrer Kollegen besser zu verstehen.

- Nutzen Sie Rollenspiele und Fallstudien, um reale Szenarien zu simulieren und die Anwendung von Kommunikationsstrategien zu üben.

- Bieten Sie Workshops an, die sich auf spezifische kulturelle Aspekte wie Kommunikationsstile, Entscheidungsfindung und Konfliktmanagement konzentrieren.

2. Förderung einer offenen Kommunikationskultur:

Ziel: Missverständnisse reduzieren und den offenen Austausch von Ideen fördern.

Maßnahmen:

- Etablieren Sie regelmäßige Meetings, in denen alle Teammitglieder ermutigt werden, ihre Ansichten und Bedenken offen zu äußern.

- Nutzen Sie Techniken des aktiven Zuhörens, um sicherzustellen, dass alle Stimmen gehört und respektiert werden.

- Implementieren Sie klare Kommunikationsrichtlinien, die sowohl direkte als auch indirekte Kommunikationsstile respektieren.

3. Anpassung von Arbeitsmethoden:

Ziel: Flexibilität und Anpassungsfähigkeit in der Zusammenarbeit erhöhen.

Maßnahmen:

- Entwickeln Sie flexible Arbeitsmethoden, die kulturelle Präferenzen berücksichtigen, z.B. durch die Anpassung von Meeting-Strukturen und Entscheidungsprozessen.

- Fördern Sie eine partizipative Entscheidungsfindung, bei der die Meinungen aller Teammitglieder berücksichtigt werden.

- Implementieren Sie hybride Managementmodelle, die sowohl hierarchische als auch egalitäre Elemente integrieren.

4. Förderung von Inklusivität und Diversität:

Ziel: Ein inklusives Arbeitsumfeld schaffen, in dem alle Teammitglieder gleichberechtigt einbezogen werden.

Maßnahmen:

* Schaffen Sie ein Arbeitsumfeld, in dem Vielfalt gefeiert und respektiert wird, z.B. durch die Anerkennung kultureller Feiertage und Veranstaltungen.

* Implementieren Sie Mentoring-Programme, bei denen erfahrene Mitarbeiter aus verschiedenen Kulturen als Mentoren fungieren.

* Fördern Sie die aktive Teilnahme aller Teammitglieder, indem Sie strukturierte Gesprächsrunden und Team-Building-Aktivitäten organisieren.

5. Nutzung von Technologien zur Unterstützung der Zusammenarbeit:

Ziel: Effiziente und barrierefreie Kommunikation und Zusammenarbeit ermöglichen.

Maßnahmen:

* Nutzen Sie Kollaborationstools, die den Austausch von Informationen und die Zusammenarbeit erleichtern, z.B. durch gemeinsame Dokumentenplattformen und Videokonferenzsoftware.

* Implementieren Sie Übersetzungstools, um Sprachbarrieren zu überwinden und die Kommunikation zu erleichtern.

* Fördern Sie den Einsatz von visuellen Hilfsmitteln wie Diagrammen und Präsentationen, um komplexe Informationen verständlicher zu machen.

6. Regelmäßige Feedback- und Reflexionssitzungen:

Ziel: Kontinuierliche Verbesserung der Teamdynamik und der Zusammenarbeit.

Maßnahmen:

- Organisieren Sie regelmäßige Feedback-Sitzungen, in denen Teammitglieder offen über ihre Erfahrungen und Herausforderungen sprechen können.

- Nutzen Sie Reflexionssitzungen, um die Kommunikations- und Arbeitsmethoden im Team zu evaluieren und gegebenenfalls anzupassen.

- Fördern Sie eine Kultur des kontinuierlichen Lernens und der Verbesserung durch gezielte Schulungs- und Entwicklungsmaßnahmen.

Zusammenfassung:

Die Überwindung kultureller Barrieren erfordert einen bewussten und proaktiven Ansatz, der auf der Schaffung eines inklusiven und verständnisvollen Arbeitsumfelds basiert.
Durch gezielte Maßnahmen wie interkulturelle Trainings, die Förderung offener Kommunikation und die Anpassung von Arbeitsmethoden können Teams die Herausforderungen kultureller Vielfalt erfolgreich meistern.
Diese Strategien stärken das Vertrauen, die Zusammenarbeit und die Effizienz im Team und tragen dazu bei, das volle Potenzial der kulturellen Vielfalt zu nutzen. Indem Teams kontinuierlich an der Verbesserung ihrer Dynamik arbeiten, können sie ihre Wettbewerbsfähigkeit steigern und nachhaltigen Erfolg erzielen.

Praxistipp: Workshops zur Überwindung von Teamhürden

Workshops sind ein effektives Mittel, um Teamhürden zu identifizieren und zu überwinden, insbesondere in interkulturellen und transkulturellen Teams.

Sie bieten eine strukturierte Umgebung, in der Teammitglieder zusammenkommen können, um spezifische Herausforderungen zu adressieren, Lösungen zu entwickeln und das Verständnis und die Zusammenarbeit zu fördern.

Hier sind einige praxiserprobte Ansätze für Workshops zur Überwindung von Teamhürden:

1. Interkulturelle Sensibilisierungsworkshops:

Ziel: Verständnis und Respekt für kulturelle Unterschiede fördern.

Inhalt:

- Einführung in kulturelle Unterschiede und deren Einfluss auf die Teamarbeit.
- Diskussion von Fallstudien, die reale interkulturelle Herausforderungen veranschaulichen.
- Übungen, die das Bewusstsein für eigene kulturelle Vorurteile schärfen.
- Austausch persönlicher Erfahrungen der Teammitglieder mit kulturellen Missverständnissen.

Ergebnisse:

- Erhöhtes Bewusstsein für kulturelle Unterschiede und deren Auswirkungen.
- Verbesserung der Kommunikationsfähigkeiten im interkulturellen Kontext.
- Stärkerer Zusammenhalt und Respekt innerhalb des Teams.

2. Kommunikationsworkshops:

Ziel: Effektive Kommunikationstechniken entwickeln und Missverständnisse reduzieren.

Inhalt:

- Schulung in aktiven Zuhörtechniken und nonverbaler Kommunikation.

- Rollenspiele, um verschiedene Kommunikationsstile zu üben und zu verstehen.

- Erarbeitung gemeinsamer Kommunikationsrichtlinien für das Team.

- Feedback-Sitzungen, um Kommunikationsbarrieren zu identifizieren und zu beheben.

Ergebnisse:

- Verbesserte Kommunikationsfähigkeiten und weniger Missverständnisse.

- Entwicklung eines gemeinsamen Kommunikationsrahmens

- Förderung einer offenen und transparenten Kommunikationskultur.

3. Team-Building-Workshops:

Ziel: Vertrauen und Zusammenarbeit innerhalb des Teams stärken.

Inhalt:

- Gruppenaktivitäten, die auf das Lösen von Aufgaben und das Treffen von Entscheidungen abzielen.

- Vertrauensübungen, um den Teamzusammenhalt zu stärken.

- Diskussionen über individuelle Stärken und wie sie optimal im Team eingesetzt werden können.

- Reflexion über erfolgreiche Zusammenarbeit und Bereiche mit Verbesserungspotenzial.

Ergebnisse:

- Stärkeres Vertrauen und bessere Zusammenarbeit innerhalb des Teams.

- Klareres Verständnis der individuellen Rollen und Beiträge zum Team.

- Erhöhte Motivation und Engagement der Teammitglieder.

4. Konfliktlösungsworkshops:

Ziel: Strategien zur effektiven Konfliktbewältigung entwickeln.

Inhalt:

- Einführung in Konflikttypen und deren Ursachen.
- Techniken zur Deeskalation und Lösung von Konflikten.
- Simulation von Konfliktsituationen mit anschließender Reflexion.
- Entwicklung eines Konfliktmanagementplans für das Team.

Ergebnisse:

- Verbesserte Fähigkeiten zur Konfliktbewältigung und -lösung.
- Reduzierung von Spannungen und Konflikten im Team.
- Schaffung eines positiven und konstruktiven Arbeitsumfelds.

5. Innovations- und Kreativitätsworkshops:

Ziel: Kreativität fördern und innovative Lösungen entwickeln.

Inhalt:

- Brainstorming-Sitzungen, um neue Ideen und Ansätze zu entwickeln.

- Kreativitätstechniken wie Mind Mapping oder Design Thinking.

- Fallstudienanalysen erfolgreicher Innovationsprojekte.

- Erarbeitung eines Innovationsplans für das Team.

Ergebnisse:

- Erhöhte Kreativität und Innovationsfähigkeit des Teams.

- Entwicklung neuer, kreativer Lösungsansätze für bestehende Herausforderungen.

- Förderung einer Kultur der Innovation und kontinuierlichen Verbesserung.

Zusammenfassung:

Workshops sind ein wirkungsvolles Werkzeug, um Teamhürden zu überwinden und die Zusammenarbeit in interkulturellen und transkulturellen Teams zu stärken.
Durch gezielte Workshops zu den Themen interkulturelle Sensibilisierung, Kommunikation, Team-Building, Konfliktlösung und Innovation können Teams ihre Dynamik verbessern, Vertrauen aufbauen und effektiver zusammenarbeiten.
Diese Maßnahmen tragen dazu bei, das volle Potenzial der Vielfalt zu nutzen und nachhaltigen Erfolg zu erzielen.
Indem Teams kontinuierlich an der Verbesserung ihrer Zusammenarbeit arbeiten, können sie ihre Wettbewerbsfähigkeit steigern und innovative Lösungen entwickeln.

Kapitel 8
Motivation und Führung

Motivation und Führung

In interkulturellen Teams ist die Motivation ein zentraler Aspekt, um die individuelle Leistung zu fördern und die Teamziele zu erreichen.
Unterschiedliche kulturelle Hintergründe beeinflussen, was Menschen motiviert und wie sie auf Anreize und Führungsstile reagieren.
Das Verständnis dieser Unterschiede ist entscheidend für eine effektive Teamführung.

Motivation in interkulturellen Kontexten

Die Motivation von Teammitgliedern in interkulturellen Kontexten erfordert ein tiefes Verständnis der kulturellen Unterschiede in Bezug auf Werte, Bedürfnisse und Erwartungen.
Hier sind die wesentlichen Elemente, die die Motivation in solchen Teams beeinflussen, sowie Lösungsmethoden, um diese Herausforderungen zu adressieren:

Kulturelle Unterschiede in der Motivation:

Beschreibung:
Unterschiedliche Kulturen haben verschiedene Ansichten darüber, was als motivierend gilt.
Während in einigen Kulturen individuelle Anerkennung und persönliche Errungenschaften von großer Bedeutung sind, legen andere Kulturen mehr Wert auf kollektive Ziele und Gruppenharmonie.

Lösungsmethoden:

Individuelle Anerkennung vs. Kollektive Belohnungen:
Entwickeln Sie ein Belohnungssystem, das sowohl individuelle als auch kollektive Erfolge anerkennt.
Dies könnte durch die Kombination von persönlichen Auszeichnungen und Teamprämien erreicht werden.

Anpassung der Anreizsysteme:
Passen Sie die Anreizsysteme an die kulturellen Präferenzen an, indem Sie sowohl materielle als auch immaterielle Anreize bieten, die auf die Werte der Teammitglieder abgestimmt sind.

Einfluss des Führungsstils:

Beschreibung:
Der Führungsstil hat einen erheblichen Einfluss auf die Motivation der Teammitglieder. Unterschiedliche Kulturen bevorzugen unterschiedliche Führungsansätze, von autoritär bis partizipativ.

Lösungsmethoden:

Flexibler Führungsansatz:
Wenden Sie einen flexiblen Führungsstil an, der in der Lage ist, die Bedürfnisse und Präferenzen der Teammitglieder zu berücksichtigen.
Dies erfordert die Fähigkeit, zwischen verschiedenen Führungsstilen zu wechseln, je nach Situation und kulturellem Kontext.

Interkulturelles Führungstraining:
Investieren Sie in Führungstrainings, die Führungskräfte darauf vorbereiten, effektiv mit kulturell vielfältigen Teams zu arbeiten und ihre Führungsfähigkeiten an unterschiedliche kulturelle Kontexte anzupassen.

Bedeutung von Kommunikation und Feedback:

Beschreibung:
Kulturelle Unterschiede beeinflussen, wie Feedback gegeben und empfangen wird.
In einigen Kulturen wird direktes Feedback geschätzt, während in anderen ein indirekter Ansatz bevorzugt wird.

Lösungsmethode:

Kulturangepasstes Feedback:
Entwickeln Sie Feedback-Methoden, die auf die kulturellen Präferenzen der Teammitglieder abgestimmt sind.
Erwägen Sie, Feedback sowohl mündlich als auch schriftlich zu geben, um verschiedene Kommunikationsstile zu berücksichtigen.

Feedback-Schulungen:
Bieten Sie Schulungen an, um Teammitglieder und Führungskräfte im effektiven Geben und Empfangen von Feedback zu schulen, unter Berücksichtigung kultureller Sensibilitäten.

Aufbau von Vertrauen und Beziehungen:

Beschreibung:
Vertrauen ist ein wesentlicher Faktor für die Motivation und den Erfolg von Teams. In interkulturellen Teams kann der Aufbau von Vertrauen durch kulturelle Unterschiede erschwert werden.

Lösungsmethoden:

Teambuilding-Aktivitäten:
Organisieren Sie regelmäßige Teambuilding-Aktivitäten, um Vertrauen und Beziehungen innerhalb des Teams zu stärken. Diese Aktivitäten sollten darauf abzielen, kulturelle Barrieren abzubauen und die Zusammenarbeit zu fördern.

Offene Kommunikationsplattformen:
Schaffen Sie Plattformen und Räume für offene Kommunikation, in denen Teammitglieder ihre Gedanken und Bedenken frei äußern können, um das Vertrauen zu stärken.

Zusammenfassung:

Die Motivation in interkulturellen Kontexten erfordert ein tiefes Verständnis der kulturellen Unterschiede und die Fähigkeit, diese in der Teamführung zu berücksichtigen.

Durch die Anpassung von Anreizsystemen, die Berücksichtigung kultureller Präferenzen bei der Führung und die Förderung einer offenen Kommunikationskultur können Teams die Motivation ihrer Mitglieder steigern und die Zusammenarbeit verbessern.

Indem Führungskräfte und Teams kontinuierlich an ihrer interkulturellen Kompetenz arbeiten, können sie die Herausforderungen der Vielfalt meistern und das volle Potenzial ihrer Mitglieder ausschöpfen.

Diese Ansätze tragen dazu bei, ein produktives und harmonisches Arbeitsumfeld zu schaffen, in dem alle Teammitglieder motiviert und engagiert sind.

Was motiviert Mitarbeiter in kulturell vielfältigen Teams?

Mitarbeiter in kulturell vielfältigen Teams zu motivieren, erfordert ein tiefes Verständnis für die unterschiedlichen Faktoren, die Menschen aus verschiedenen kulturellen Hintergründen anspornen.
Da Motivation von persönlichen Werten, kulturellen Normen und individuellen Bedürfnissen beeinflusst wird, ist es entscheidend, diese Unterschiede zu erkennen und zu adressieren.
Hier sind einige der Hauptfaktoren, die die Motivation von Mitarbeitern in kulturell vielfältigen Teams beeinflussen können:

1. Individuelle Anerkennung und Wertschätzung:

Beschreibung:
In vielen Kulturen ist individuelle Anerkennung ein starker Motivationsfaktor.
Mitarbeiter fühlen sich motiviert, wenn ihre individuellen Beiträge erkannt und wertgeschätzt werden.

Beispiel:
In einer amerikanischen oder westlichen Kultur, die oft individualistisch geprägt ist, kann eine öffentliche Anerkennung eines individuellen Beitrags durch Auszeichnungen oder Boni die Motivation erheblich steigern.

2. Kollektive Erfolge und Teamzusammenhalt:

Beschreibung:
In kollektivistisch geprägten Kulturen wie Japan oder China kann der Erfolg des Teams als Ganzes stärker motivieren als individuelle Anerkennung.
Der Zusammenhalt und das Erreichen gemeinsamer Ziele stehen im Vordergrund.

Beispiel:
Gemeinsame Teamfeiern oder kollektive Belohnungen für das Erreichen von Meilensteinen können die Motivation in solchen Kulturen erheblich steigern.

3. Sinnhaftigkeit und Zweck der Arbeit:

Beschreibung:
Mitarbeiter fühlen sich oft motiviert, wenn sie den Zweck und die Bedeutung ihrer Arbeit erkennen.
Dies gilt universell, kann aber je nach Kultur unterschiedlich interpretiert werden.

Beispiel:
In Kulturen, die stark auf soziale Verantwortung ausgerichtet sind, kann die Einbindung in Projekte mit sozialem oder ökologischem Nutzen besonders motivierend wirken.

4. Persönliche Weiterentwicklung und Karrierechancen:

Beschreibung:
Die Möglichkeit zur persönlichen und beruflichen Weiterentwicklung ist ein wichtiger Motivationsfaktor.
Mitarbeiter sind motiviert, wenn sie klare Karrierepfade und Entwicklungsmöglichkeiten sehen.

Beispiel:
Schulungsprogramme, Mentoring und die Möglichkeit, neue Fähigkeiten zu erwerben, können in vielen Kulturen die Motivation steigern.

5. Arbeitsumfeld und Unternehmenskultur:

Beschreibung:
Ein unterstützendes und inklusives Arbeitsumfeld fördert die Motivation.
Mitarbeiter fühlen sich motiviert, wenn sie in einem Umfeld arbeiten, das Vielfalt respektiert und fördert.

Beispiel:
Eine Unternehmenskultur, die Offenheit und Vielfalt fördert, kann durch Initiativen wie Diversity-Trainings und inklusive Politik motivierend wirken.

6. Autonomie und Eigenverantwortung:

Beschreibung:
Die Möglichkeit, autonom zu arbeiten und Verantwortung zu übernehmen, kann motivierend sein, insbesondere in Kulturen, die Individualität und Selbstständigkeit schätzen.

Beispiel:
In Kulturen, die Autonomie schätzen, kann die Delegation von Verantwortung und die Möglichkeit zur selbstständigen Projektarbeit die Motivation steigern.

7. Sicherheit und Stabilität:

Beschreibung:
In einigen Kulturen ist die Arbeitsplatzsicherheit ein zentraler Motivationsfaktor. Mitarbeiter sind motiviert, wenn sie in einem stabilen und sicheren Umfeld arbeiten.

Beispiel:
In Kulturen, die großen Wert auf Sicherheit legen, können langfristige Arbeitsverträge und transparente Unternehmenspolitik motivierend wirken.

Zusammenfassung:

Die Motivation von Mitarbeitern in kulturell vielfältigen Teams erfordert ein Verständnis der unterschiedlichen Motivationsfaktoren, die durch kulturelle, soziale und persönliche Einflüsse geprägt sind.
Führungskräfte sollten diese Faktoren berücksichtigen und flexible Ansätze entwickeln, um die individuellen und kollektiven Bedürfnisse ihrer Teams zu erfüllen.
Durch die Schaffung eines unterstützenden, respektvollen und fördernden Arbeitsumfelds, das auf die vielfältigen Motivationsbedürfnisse eingeht, können Teams ihr volles Potenzial ausschöpfen und erfolgreich zusammenarbeiten.
Indem Führungskräfte ihre interkulturelle Kompetenz stärken, können sie die Motivation steigern und eine produktive Teamdynamik fördern.

Anreize und Belohnungssysteme

In interkulturellen Teams ist die Gestaltung von Anreizen und Belohnungssystemen eine Schlüsselstrategie, um sowohl die intrinsische als auch die extrinsische Motivation der Mitarbeiter zu fördern. Dabei ist es entscheidend, die kulturellen Unterschiede in der Wahrnehmung und Wertschätzung von Belohnungen zu berücksichtigen. Hier sind einige Überlegungen und Strategien zur Entwicklung effektiver Anreiz- und Belohnungssysteme:

1. Intrinsische Motivation:

Beschreibung:
Intrinsische Motivation bezieht sich auf die innere Antriebskraft, die Mitarbeiter dazu bewegt, eine Aufgabe um ihrer selbst willen zu erledigen. Diese Art der Motivation entsteht aus persönlichen Interessen, Neugier und dem Streben nach Selbstverwirklichung und Sinnhaftigkeit.

Strategien zur Förderung:

Sinnvolle Aufgaben:
Bieten Sie Aufgaben an, die den Mitarbeitern ein Gefühl von Sinn und Zweck verleihen.
Projekte mit sozialem oder ökologischem Nutzen können besonders motivierend wirken.

Autonomie und Selbstbestimmung:
Geben Sie den Mitarbeitern die Freiheit, ihre Arbeit eigenständig zu gestalten und Entscheidungen zu treffen.
Dies fördert das Gefühl der Eigenverantwortung und Kreativität.

Weiterbildung und persönliche Entwicklung:
Schaffen Sie Möglichkeiten für kontinuierliches Lernen und persönliche Entwicklung durch Schulungen, Workshops und Mentoring.

2. Extrinsische Motivation:

Beschreibung:
Extrinsische Motivation entsteht durch äußere Anreize wie finanzielle Belohnungen, Anerkennung und Beförderungen. Diese Art der Motivation wird durch Faktoren beeinflusst, die außerhalb des Individuums liegen.

Strategien zur Förderung:

Finanzielle Anreize: Implementieren Sie ein Belohnungssystem, das finanzielle Anreize wie Boni, Gehaltserhöhungen und Prämien umfasst. Diese sollten jedoch auf transparente und faire Weise zugewiesen werden.

Anerkennung und Auszeichnungen:
Nutzen Sie öffentliche Anerkennung und Auszeichnungen, um die Leistungen der Mitarbeiter zu würdigen.
Dies kann in Form von zb. Mitarbeiter des Monats-Programmen oder Dankesnotizen oder einfaches loben der Leistung oder Arbeit und Wertschätzen (Danke das Du da bist) des Mitarbeiters geschehen.

Karriereförderung:
Bieten Sie klare Karrierewege und Beförderungsmöglichkeiten, um die extrinsische Motivation zu steigern.

3. Kulturelle Anpassung von Anreizen:

Beschreibung:
In interkulturellen Teams ist es wichtig, Anreize und Belohnungen an die kulturellen Präferenzen und Erwartungen der Mitarbeiter anzupassen.

Strategien zur Förderung:

Individuelle vs. Kollektive Belohnungen:
In individualistisch geprägten Kulturen können individuelle Belohnungen effektiver sein, während in kollektivistischen Kulturen kollektive Anerkennung und Teambelohnungen bevorzugt werden.

Materielle vs. Immaterielle Anreize:
Einige Kulturen schätzen materielle Belohnungen wie Geld und Geschenke, während andere immaterielle Anreize wie Anerkennung, Verantwortung und berufliche Herausforderungen bevorzugen.

Flexibilität und Vielfalt der Anreize:
Entwickeln Sie ein vielfältiges Anreizsystem, das sowohl materielle als auch immaterielle Belohnungen umfasst und flexibel an die Bedürfnisse und Präferenzen der Teammitglieder angepasst werden kann.

Zusammenfassung:

Die Gestaltung von Anreizen und Belohnungssystemen in interkulturellen Teams erfordert ein tiefes Verständnis der Unterschiede zwischen intrinsischer und extrinsischer Motivation und deren kulturellen Hintergründen.
Führungskräfte sollten darauf abzielen, ein ausgewogenes System zu entwickeln, das sowohl die inneren Bedürfnisse der Mitarbeiter als auch äußere Anreize berücksichtigt.
Durch die Anpassung von Anreizsystemen an kulturelle Präferenzen und die Förderung einer motivierenden Arbeitsumgebung können Teams ihre Leistung steigern und die Zusammenarbeit verbessern.
Diese Ansätze tragen dazu bei, ein produktives und erfüllendes Arbeitsumfeld zu schaffen, in dem Mitarbeiter motiviert sind, ihr Bestes zu geben.
Indem Führungskräfte die kulturelle Vielfalt als Stärke nutzen, können sie die Motivation maximieren und den Erfolg des Teams sichern.

Praxistipp: Motivationsstrategien für diverse Teams

Die Motivation in kulturell vielfältigen Teams zu fördern, erfordert gezielte Strategien, die sowohl die unterschiedlichen kulturellen Hintergründe als auch die individuellen Bedürfnisse der Teammitglieder berücksichtigen. Hier sind einige praxiserprobte Motivationsstrategien, die dazu beitragen können, das Engagement und die Leistung in diversen Teams zu steigern:

1. Kulturelle Sensibilität und Anpassungsfähigkeit:

Strategie:
Entwickeln Sie ein tiefes Verständnis für die kulturellen Hintergründe und Werte Ihrer Teammitglieder.
Dies hilft, maßgeschneiderte Motivationsstrategien zu entwickeln, die auf die spezifischen Bedürfnisse und Erwartungen der Mitarbeiter abgestimmt sind.

Umsetzung:

- Führen Sie regelmäßige interkulturelle Sensibilisierungsworkshops durch, um das Bewusstsein für kulturelle Unterschiede zu schärfen.

- Fördern Sie den offenen Austausch über kulturelle Präferenzen und Erwartungen innerhalb des Teams.

2. Personalisierte Anerkennung:

Strategie:
Passen Sie Anerkennungs- und Belohnungssysteme an die individuellen Präferenzen der Teammitglieder an, um sicherzustellen, dass die Anerkennung authentisch und bedeutungsvoll ist.

Umsetzung:

- Ermitteln Sie die bevorzugten Formen der Anerkennung für jedes Teammitglied durch direkte Gespräche oder Umfragen.
- Implementieren Sie ein flexibles Anerkennungssystem, das sowohl individuelle als auch kollektive Erfolge wertschätzt.

3. Förderung von Autonomie und Eigenverantwortung:

Strategie:
Geben Sie den Teammitgliedern die Freiheit, ihre Arbeit eigenständig zu gestalten und Verantwortung zu übernehmen.
Dies fördert das Gefühl der Eigenverantwortung und stärkt die intrinsische Motivation.

Umsetzung:

- Ermöglichen Sie flexible Arbeitszeiten und -methoden, um den individuellen Arbeitsstilen gerecht zu werden.
- Delegieren Sie Verantwortung und fördern Sie die selbstständige Entscheidungsfindung.

4. Schaffung eines unterstützenden Arbeitsumfelds:

Strategie:
Schaffen Sie ein inklusives und unterstützendes Arbeitsumfeld, in dem sich alle Teammitglieder respektiert und wertgeschätzt fühlen.

Umsetzung:

- Fördern Sie eine offene Kommunikationskultur, in der alle Stimmen gehört werden.
- Organisieren Sie regelmäßige Teambuilding-Aktivitäten, um das Vertrauen und den Zusammenhalt zu stärken.

5. Vielfältige Weiterbildungs- und Entwicklungsmöglichkeiten:

Strategie:
Bieten Sie vielfältige Möglichkeiten zur persönlichen und beruflichen Weiterentwicklung, um die Motivation durch Lernen und Wachstum zu fördern.

Umsetzung:

- Fördern Sie den Zugang zu internen und externen Weiterbildungsmöglichkeiten, wie z.B. Workshops, Seminare und Online-Kurse.

6. Zielorientierte und sinnstiftende Arbeit:

Strategie:
Stellen Sie sicher, dass die Teammitglieder den Zweck und die Bedeutung ihrer Arbeit verstehen und sich mit den Zielen des Teams identifizieren.

Umsetzung:

- Kommunizieren Sie klar die Vision und die Ziele des Teams und wie jedes Mitglied dazu beiträgt.
- Binden Sie die Teammitglieder in die Entwicklung von Zielen und Strategien ein, um das Engagement und die Identifikation zu fördern.

Zusammenfassung:

Motivationsstrategien für diverse Teams erfordern einen ganzheitlichen Ansatz, der sowohl kulturelle Unterschiede als auch individuelle Bedürfnisse berücksichtigt.
Durch die Implementierung gezielter Maßnahmen zur Förderung der kulturellen Sensibilität, der individuellen Anerkennung, der Autonomie und der beruflichen Entwicklung können Führungskräfte die Motivation und Leistung in ihren Teams erheblich steigern.
Diese Strategien tragen dazu bei, ein produktives, respektvolles und unterstützendes Arbeitsumfeld zu schaffen, in dem alle Teammitglieder motiviert sind, gemeinsam erfolgreich zu sein.
Indem Führungskräfte die Vielfalt als Bereicherung ansehen und aktiv nutzen, können sie das volle Potenzial ihrer Teams ausschöpfen und nachhaltigen Erfolg erzielen.

Führung und Führungsstile

Führung in interkulturellen und transkulturellen Teams erfordert ein tiefes Verständnis der verschiedenen Führungsstile und deren Anpassung an die kulturellen Kontexte, in denen Teams operieren.
Unterschiedliche Kulturen haben unterschiedliche Erwartungen an Führung, und ein effektiver Führungsstil muss diese Unterschiede berücksichtigen, um erfolgreich zu sein.
Hier sind einige wichtige Aspekte und Strategien zur Führung in einem kulturell vielfältigen Umfeld:

Verschiedene Führungsstile im Interkulturellen Kontext:

Autoritärer Führungsstil
(äquivalent zum Autokratischen Führungsstil):

Beschreibung:

- Dieser Stil zeichnet sich durch ein hohes Maß an Kontrolle und Entscheidungsbefugnis des Führers aus.

- Entscheidungen werden oft ohne Konsultation der Teammitglieder getroffen.

Anwendung:
- In Kulturen, die eine starke Hierarchie und klare Autorität schätzen, kann dieser Stil effektiv sein.

- Er ist jedoch weniger geeignet für Kulturen, die Partizipation und Mitbestimmung bevorzugen.

Demokratischer Führungsstil:

Beschreibung:

- Dieser Stil fördert die Beteiligung der Teammitglieder an Entscheidungsprozessen.

- Der Führer agiert eher als Moderator und bezieht die Meinungen des Teams in Entscheidungen ein.

Anwendung:

- Besonders effektiv in Kulturen, die kollektive Entscheidungsfindung und Teamarbeit schätzen.

- Dieser Stil fördert ein Gefühl der Zugehörigkeit und Motivation.

Laissez-faire-Führungsstil:

Beschreibung:

- Der Führer gibt den Teammitgliedern weitgehende Freiheit, ihre Arbeit selbstständig zu organisieren und Entscheidungen zu treffen.

Anwendung:

- Funktioniert gut in Teams mit hoch qualifizierten, selbstmotivierten Mitarbeitern, aber weniger in Kulturen, die klare Anweisungen und Struktur bevorzugen.

Transformationaler Führungsstil:

Beschreibung:

- Dieser Stil konzentriert sich darauf, die Teammitglieder zu inspirieren und zu motivieren, über ihre eigenen Interessen hinauszuwachsen und gemeinsame Ziele zu erreichen.

Anwendung:

- Besonders effektiv in dynamischen Umgebungen, die Innovation und Veränderung erfordern.

- Kann in vielen kulturellen Kontexten anwendbar sein, da er auf Inspiration und persönlicher Entwicklung basiert.

Situativer Führungsstil:

Beschreibung:

- Der situative Führungsstil basiert auf der Flexibilität, den Führungsansatz je nach Situation und den Bedürfnissen der Teammitglieder anzupassen.

- Der Führer bewertet die Reife und Kompetenz der Teammitglieder und passt seinen Stil entsprechend an.

Anwendung:
- Dieser Stil ist besonders effektiv in interkulturellen Teams, da er die Anpassungsfähigkeit betont und unterschiedliche Situationen und kulturelle Erwartungen berücksichtigt.

-
- Er ermöglicht es Führungskräften, zwischen verschiedenen Stilen zu wechseln, um den besten Ansatz für die jeweilige Situation zu finden.

Agiler Führungsstil:

Beschreibung:
- Der agile Führungsstil betont Flexibilität, Anpassungsfähigkeit und die Förderung von Innovation durch iterative Prozesse und kontinuierliches Feedback.

- Er fördert eine Kultur der Zusammenarbeit und der schnellen Anpassung an Veränderungen.

Anwendung:
- Besonders geeignet in Umgebungen, die schnelle Veränderungen und Anpassungen erfordern, wie in der Technologie- und Softwareentwicklung.

- Dieser Stil unterstützt Teams dabei, schnell auf Marktveränderungen zu reagieren und kontinuierlich zu lernen und sich zu verbessern.

Anpassung des Führungsstils an kulturelle Kontexte:

Kulturelle Sensibilität:
Führungskräfte müssen die kulturellen Normen und Werte ihres Teams verstehen und respektieren.
Dies erfordert eine kontinuierliche Auseinandersetzung mit interkultureller Kompetenz und Empathie.

Flexibilität:
Ein effektiver Führer sollte in der Lage sein, seinen Führungsstil flexibel anzupassen, um den Bedürfnissen des Teams und den spezifischen Anforderungen der Situation gerecht zu werden.

Kommunikationsstil:
Anpassung der Kommunikationsweise an die kulturellen Präferenzen der Teammitglieder.
In einigen Kulturen kann direkte Kommunikation bevorzugt werden, während andere einen indirekteren Ansatz schätzen.

Herausforderungen und Lösungen in der Führung interkultureller Teams:

Herausforderung:
Umgang mit unterschiedlichen Erwartungen und Kommunikationsstilen.

Lösung:
Förderung einer offenen und transparenten Kommunikationskultur, in der Unterschiede respektiert und als Lernchance genutzt werden.

Herausforderung:
Aufbau von Vertrauen und Respekt in einem kulturell vielfältigen Team.

Lösung:
Regelmäßige Teambuilding-Aktivitäten und Feedback-Runden, um den Zusammenhalt zu stärken und gegenseitiges Verständnis zu fördern.

Zusammenfassung:

Die Führung in interkulturellen und transkulturellen Teams erfordert einen flexiblen und sensiblen Ansatz, der die Vielfalt der Kulturen und Erwartungen berücksichtigt.
Durch die Anpassung des Führungsstils an die kulturellen Kontexte und die Förderung einer respektvollen und offenen Kommunikationskultur können Führungskräfte die Effizienz und das Engagement ihrer Teams steigern.
Der situative Führungsstil ist besonders wertvoll, da er die Anpassungsfähigkeit betont und es ermöglicht, auf die spezifischen Bedürfnisse und Situationen einzugehen.
Diese Ansätze ermöglichen es, die Herausforderungen der kulturellen Vielfalt zu meistern und eine produktive und innovative Teamdynamik zu schaffen, die langfristig zum Erfolg des Unternehmens beiträgt.
Indem Führungskräfte die Vielfalt als Stärke nutzen, können sie das volle Potenzial ihrer Teams ausschöpfen und nachhaltigen Erfolg erzielen.

Definition und Rolle der Führung in diversen Teams

Die Führung in diversen Teams spielt eine entscheidende Rolle bei der Maximierung des Potenzials, das kulturelle Vielfalt bietet.
In einem globalisierten Arbeitsumfeld sind Teams häufig interkulturell zusammengesetzt, was sowohl Herausforderungen als auch Chancen mit sich bringt.
Die Definition und Rolle der Führung in solchen Teams umfasst mehrere wesentliche Aspekte:

Definition der Führung in diversen Teams:

- Führung ist der Prozess des Beeinflussens, Motivierens und Unterstützens von Teammitgliedern, um gemeinsame Ziele zu erreichen. In diversen Teams bedeutet dies, die individuellen Stärken und Perspektiven der Teammitglieder zu erkennen und zu nutzen, um Synergien zu schaffen und Hindernisse zu überwinden.

- Interkulturelle Führung erfordert spezifische Kompetenzen, einschließlich kultureller Sensibilität, Anpassungsfähigkeit und der Fähigkeit, in einem multikulturellen Umfeld effektiv zu kommunizieren.
Diese Fähigkeiten sind entscheidend, um die unterschiedlichen Erwartungen und Bedürfnisse der Teammitglieder zu verstehen und zu erfüllen.

Rolle der Führung in diversen Teams:

1. Förderung von Inklusion und Vielfalt:

Führungskräfte sind dafür verantwortlich, eine inklusive Umgebung zu schaffen, in der alle Teammitglieder unabhängig von ihrem kulturellen Hintergrund respektiert und wertgeschätzt werden.
Dies beinhaltet die Förderung von Vielfalt als strategische Stärke und die Sicherstellung, dass unterschiedliche Perspektiven in Entscheidungsprozesse einbezogen werden.

2. Kommunikationsbrücken bauen:

In diversen Teams treten häufig Kommunikationsbarrieren auf, die durch kulturelle Unterschiede entstehen.
Die Führung spielt eine zentrale Rolle dabei, diese Barrieren abzubauen, indem sie eine offene und transparente Kommunikationskultur fördert.
Dies kann durch regelmäßige Meetings, Feedback-Sitzungen und die Nutzung von Technologien zur Unterstützung der Kommunikation erfolgen.

3. Konfliktmanagement:

Kulturelle Unterschiede können zu Missverständnissen und Konflikten führen.
Eine der zentralen Rollen der Führung in diversen Teams ist es, solche Konflikte zu erkennen und konstruktiv zu lösen.
Dies erfordert die Fähigkeit, Empathie zu zeigen, kulturelle Unterschiede zu respektieren und Konflikte als Chancen für Lernen und Wachstum zu nutzen.

4. Motivation und Engagement:

Führungskräfte müssen sicherstellen, dass alle Teammitglieder motiviert und engagiert sind, unabhängig von ihrem kulturellen Hintergrund.
Dies kann durch die Entwicklung von maßgeschneiderten Motivationsstrategien erreicht werden, die sowohl intrinsische als auch extrinsische Anreize berücksichtigen.

5. Vision und Zielsetzung:

Eine klare Vision und klare Ziele sind entscheidend für den Erfolg eines Teams.
Führungskräfte müssen in der Lage sein, eine gemeinsame Vision zu kommunizieren und sicherzustellen, dass alle Teammitglieder die Bedeutung ihrer individuellen Beiträge zum Gesamterfolg des Teams verstehen.

6. Anpassungsfähigkeit und Flexibilität:

In einem sich schnell verändernden globalen Umfeld müssen Führungskräfte anpassungsfähig und flexibel sein.
Dies bedeutet, dass sie in der Lage sein müssen, ihren Führungsstil und ihre Strategien an die sich ändernden Bedürfnisse und Herausforderungen des Teams anzupassen.

Zusammenfassung:

Die Führung in diversen Teams ist von zentraler Bedeutung, um die Chancen der kulturellen Vielfalt voll auszuschöpfen und die Herausforderungen effektiv zu bewältigen.
Führungskräfte müssen in der Lage sein, eine inklusive und respektvolle Arbeitsumgebung zu schaffen, in der alle Teammitglieder motiviert und engagiert sind.
Durch die Förderung von Inklusion, effektiver Kommunikation, Konfliktmanagement und einer klaren Vision können Führungskräfte das volle Potenzial ihrer Teams entfalten und nachhaltigen Erfolg sicherstellen.
Die Anpassungsfähigkeit und Flexibilität von Führungskräften sind entscheidend, um in einem dynamischen, multikulturellen Umfeld erfolgreich zu sein.

Anpassung von Führungsstilen an kulturelle Unterschiede

In einem globalisierten Arbeitsumfeld, in dem Teams häufig aus Mitgliedern mit unterschiedlichen kulturellen Hintergründen bestehen, ist die Anpassung von Führungsstilen an kulturelle Unterschiede entscheidend für den Erfolg.

Führungskräfte müssen flexibel und anpassungsfähig sein, um den unterschiedlichen Erwartungen, Werten und Kommunikationsstilen gerecht zu werden.

Hier sind einige Ansätze und Strategien zur Anpassung von Führungsstilen an kulturelle Unterschiede:

Verständnis kultureller Dimensionen:

Hofstede's Kulturdimensionen:

Diese Theorie bietet Einblicke in verschiedene kulturelle Dimensionen, wie Machtdistanz, Individualismus vs. Kollektivismus, Unsicherheitsvermeidung und Langzeitorientierung.
Führungskräfte können diese Dimensionen nutzen, um die kulturellen Präferenzen und Werte ihres Teams besser zu verstehen.

Die sechs Kulturdimensionen nach Geert Hofstede bieten ein Modell zur Analyse und zum Vergleich kultureller Unterschiede zwischen verschiedenen Ländern und Regionen.
Diese Dimensionen helfen, kulturelle Unterschiede zu verstehen und in verschiedenen Kontexten, wie etwa in der internationalen Geschäftswelt, effektiv zu managen.
Außerdem sind sie ein wertvolles Werkzeug, um kulturelle Unterschiede zu analysieren und zu verstehen, wie diese in verschiedenen gesellschaftlichen und geschäftlichen Kontexten berücksichtigt werden können.

1. Machtdistanz:

Diese Dimension misst, wie ungleich Macht in einer Gesellschaft verteilt ist und wie diese Ungleichheit von den weniger mächtigen Mitgliedern akzeptiert wird.

> *Beispiel: In Malaysia, einem Land mit hoher Machtdistanz, akzeptieren Mitarbeiter Entscheidungen von Vorgesetzten ohne viel Diskussion. Dagegen sind in Dänemark, mit niedriger Machtdistanz, flache Hierarchien üblich, und Mitarbeiter werden ermutigt, ihre Meinungen zu äußern.*

2. Individualismus vs. Kollektivismus:

Diese Dimension beschreibt, ob Menschen in einer Gesellschaft als Individuen oder als Mitglieder einer Gruppe wahrgenommen werden.

> *Beispiel: In den USA, einer stark individualistischen Kultur, wird Eigeninitiative erwartet. In Japan, das kollektivistischer ist, steht der Erfolg des Teams über dem individuellen Erfolg.*

3. Maskulinität vs. Femininität:

Diese Dimension bezieht sich auf die Verteilung von Rollen zwischen den Geschlechtern.

> *Beispiel: In Deutschland, einem maskulinen Land, wird beruflicher Erfolg stark betont. In Schweden, einer femininen Kultur, sind Lebensqualität und Gleichheit wichtiger.*

4. Unsicherheitsvermeidung:

Diese Dimension misst, wie eine Gesellschaft mit Unsicherheit umgeht.

> *Beispiel: Griechenland, mit hoher Unsicherheitsvermeidung, hat viele Regeln zur Minimierung von Unsicherheiten.*
> *Singapur, mit niedriger Unsicherheitsvermeidung, ist offener für neue Ideen und Veränderungen.*

5. Langfristige vs. kurzfristige Orientierung:

Diese Dimension beschreibt, wie weit eine Gesellschaft in die Zukunft plant.

> *Beispiel: In China, das langfristig orientiert ist, werden langfristige Investitionen geschätzt. Die USA, eher kurzfristig orientiert, fokussieren auf schnelle Ergebnisse.*

6. Nachgiebigkeit vs. Beherrschung:

Diese Dimension unterscheidet, wie stark Gesellschaften Wünsche und Bedürfnisse ausleben.

- *Beispiel: Brasilien, eine nachgiebige Kultur, legt Wert auf Genuss und Feierlichkeiten. In Russland, einer beherrschten Kultur, schränken soziale Normen das Ausleben persönlicher Wünsche stärker ein.*

Trompenaars' Kulturmodell:

Dieses Modell betont auch Unterschiede in Bezug auf Universalismus vs. Partikularismus, spezifisch vs. diffus und neutral vs. affektiv. Solche Einsichten können Führungskräften helfen, ihren Ansatz entsprechend anzupassen. Es ist ein weiteres bedeutendes Modell zur Analyse und zum Verständnis kultureller Unterschiede. Es hilft insbesondere dabei, interkulturelle Kommunikation und Zusammenarbeit in einem globalen Geschäftsumfeld zu verbessern. Trompenaars identifizierte sieben Dimensionen, die kulturelle Unterschiede beschreiben:

Universalismus vs. Partikularismus:
Diese Dimension beschreibt, ob allgemeine Regeln oder spezifische Beziehungen den Vorrang haben. In universalistischen Kulturen (wie in den USA) sind allgemeine Regeln wichtig, während in partikularistischen Kulturen (wie in China) persönliche Beziehungen und spezielle Umstände mehr zählen.

Beispiel: Ein amerikanisches Teammitglied, das universalistisch denkt, besteht darauf, dass alle Teammitglieder die festgelegten Projektregeln strikt befolgen.
Ein chinesisches Teammitglied, das partikularistisch ist, könnte hingegen vorschlagen, die Regeln im Einzelfall flexibel zu handhaben, um den spezifischen Bedürfnissen der Kunden gerecht zu werden.

Individualismus vs. Kollektivismus:
Ähnlich wie bei Hofstede beschreibt diese Dimension, ob das Individuum oder die Gruppe im Vordergrund steht. Individualistische Kulturen betonen persönliche Freiheit und Verantwortung, während kollektivistische Kulturen den Gruppenerfolg priorisieren.

Beispiel: Ein amerikanischer Mitarbeiter betont die persönliche Verantwortung und erwartet Anerkennung für seine individuelle Leistung.
Ein japanisches Teammitglied legt jedoch mehr Wert auf den Erfolg des gesamten Teams und vermeidet es, individuell hervorzustechen.

Neutral vs. Emotional:
Diese Dimension beschreibt, wie stark Gefühle öffentlich gezeigt werden. In neutralen Kulturen (wie in Japan) wird erwartet, dass Emotionen kontrolliert werden, während in emotionalen Kulturen (wie in Italien) der Ausdruck von Gefühlen akzeptiert und erwartet wird.

> *Beispiel: In einer Teamsitzung zeigt ein italienisches Teammitglied offen seine Begeisterung und Emotionen über den Fortschritt des Projekts.*
> *Ein japanisches Mitglied bleibt neutral und zurückhaltend, um Professionalität zu wahren.*

Spezifisch vs. Diffus:
Diese Dimension untersucht, wie stark private und berufliche Bereiche getrennt sind. In spezifischen Kulturen (wie in Deutschland) gibt es eine klare Trennung, während in diffusen Kulturen (wie in Frankreich) die Grenzen fließender sind.

> *Beispiel: Ein deutsches Teammitglied, das spezifisch orientiert ist, trennt strikt zwischen beruflichen und privaten Angelegenheiten.*
> *Ein französisches Mitglied, das diffus denkt, könnte hingegen bereit sein, persönliche Beziehungen zu Kollegen zu pflegen, die über die Arbeit hinausgehen.*

Leistung vs. Herkunft:
Diese Dimension beschreibt, ob Status durch Leistung oder durch Herkunft und Beziehungen bestimmt wird. In leistungsorientierten Kulturen (wie in den USA) zählt, was man erreicht hat, während in herkunftsorientierten Kulturen (wie in Indien) familiäre Herkunft und Beziehungen wichtiger sind.

> *Beispiel: In den USA wird einem Teammitglied Anerkennung zuteil, das durch harte Arbeit und Innovation zum Projekterfolg beigetragen hat.*
> *In Indien könnte ein Teammitglied aufgrund familiärer Beziehungen und Netzwerke besondere Berücksichtigung finden.*

Zeitliche Orientierung:

Diese Dimension betrachtet, ob Kulturen eher vergangenheits-, gegenwarts- oder zukunftsorientiert sind. In gegenwartsorientierten Kulturen wird der aktuelle Moment geschätzt, während in zukunftsorientierten Kulturen (wie in den Niederlanden) Planungen und Entwicklungen im Vordergrund stehen.

Beispiel: Ein niederländisches Teammitglied plant langfristig und legt großen Wert auf zukünftige Entwicklungen.
Ein brasilianisches Mitglied könnte sich mehr auf die aktuellen Herausforderungen und den gegenwärtigen Projekterfolg konzentrieren.

Umgang mit der Umwelt:

Diese Dimension beschreibt, ob Menschen glauben, dass sie ihre Umwelt kontrollieren können oder ob sie sich an sie anpassen müssen. Kulturen, die Kontrolle über ihre Umwelt bevorzugen (wie in den USA), versuchen, die Welt nach ihren Vorstellungen zu formen, während andere Kulturen (wie in China) der Ansicht sind, dass Anpassung der bessere Weg ist.

- *Beispiel: Ein amerikanisches Teammitglied versucht, die Projektbedingungen aktiv zu gestalten und zu kontrollieren, um das gewünschte Ergebnis zu erzielen.*
  Ein chinesisches Mitglied könnte vorschlagen, sich den gegebenen Umständen anzupassen und flexibel zu reagieren.

Diese Modell bietet wertvolle Einsichten, um die Dynamiken in multikulturellen Teams zu verstehen und Konflikte zu vermeiden, indem es Unterschiede in der Wahrnehmung und im Verhalten verschiedener Kulturen beleuchtet.

Anpassung des Kommunikationsstils:

Direkte vs. Indirekte Kommunikation:
In einigen Kulturen wird direkte Kommunikation bevorzugt, während in anderen ein indirekter, höflicher Ansatz geschätzt wird. Führungskräfte sollten ihren Kommunikationsstil entsprechend anpassen, um Missverständnisse zu vermeiden und effektive Interaktionen zu fördern.

Kontextualität:
In Kulturen mit hohem Kontext (z. B. Japan, China) ist es wichtig, subtile nonverbale Signale und den Kontext der Kommunikation zu verstehen, während in Kulturen mit niedrigem Kontext (z. B. USA, Deutschland) Klarheit und Direktheit bevorzugt werden.

Flexibilität im Führungsansatz:

Situativer Führungsstil:
Dieser Stil ist besonders wertvoll, da er es Führungskräften ermöglicht, ihren Ansatz je nach Situation und den individuellen Bedürfnissen der Teammitglieder anzupassen.
Dies ist besonders nützlich in multikulturellen Teams, wo unterschiedliche Situationen unterschiedliche Führungsansätze erfordern.

Transformationaler Führungsstil:
Dieser Stil kann in vielen kulturellen Kontexten effektiv sein, da er sich darauf konzentriert, Teammitglieder zu inspirieren und zu motivieren, indem er eine gemeinsame Vision und Ziele fördert.

Aufbau von Vertrauen und Beziehungen:

Beziehungsorientierte Führung:
In Kulturen, die auf Beziehungen und Netzwerken Wert legen, sollten Führungskräfte Zeit investieren, um persönliche Beziehungen zu ihren Teammitgliedern aufzubauen.
Dies kann durch regelmäßige persönliche Treffen, informelle Gespräche und Teambuilding-Aktivitäten erreicht werden.

Vertrauensbildung:
Vertrauen ist in allen Kulturen wichtig, kann jedoch unterschiedlich aufgebaut werden.
In einigen Kulturen ist Vertrauen auf Kompetenz und Leistung basiert, in anderen auf persönliche Beziehungen und Integrität.

Förderung von Inklusion und Vielfalt:

Kultur der Offenheit:
Führungskräfte sollten eine Kultur der Offenheit und des Respekts fördern, in der alle Teammitglieder ihre Meinungen und Ideen frei äußern können. Dies fördert die Inklusion und nutzt die Vielfalt der Perspektiven als strategische Stärke.

Interkulturelles Training:
Regelmäßige Schulungen und Workshops zur interkulturellen Sensibilisierung können dazu beitragen, das Verständnis und die Zusammenarbeit in diversen Teams zu verbessern.

Zusammenfassung:

Die Anpassung von Führungsstilen an kulturelle Unterschiede ist entscheidend für den Erfolg in interkulturellen Teams.
Führungskräfte müssen flexibel und einfühlsam sein, um die kulturellen Dimensionen und Präferenzen ihrer Teammitglieder zu verstehen und darauf zu reagieren.
Durch die Anpassung des Kommunikationsstils, die Förderung von Vertrauen und Beziehungen und die Entwicklung einer inklusiven Kultur können Führungskräfte das volle Potenzial ihrer Teams entfalten und eine produktive und harmonische Arbeitsumgebung schaffen.
Diese Anpassungsfähigkeit ermöglicht es, die Herausforderungen der kulturellen Vielfalt zu meistern und nachhaltigen Erfolg in einem globalen Kontext zu erzielen.

Praxistipp: Führungskräftetrainings für interkulturelle Kompetenz

Die Entwicklung interkultureller Kompetenz bei Führungskräften ist entscheidend, um die Herausforderungen der Führung in multikulturellen Teams zu meistern.
Führungskräftetrainings können dabei helfen, das Bewusstsein für kulturelle Unterschiede zu schärfen, effektive Kommunikationsstrategien zu entwickeln und die Anpassungsfähigkeit zu fördern.
Hier sind einige Praxistipps für die Gestaltung und Durchführung von Trainingsprogrammen zur interkulturellen Kompetenz:

1. Bewusstsein und Sensibilisierung schaffen:

- **Kulturelles Bewusstseinstraining:**
  Beginnen Sie mit Schulungen, die das Bewusstsein für kulturelle Unterschiede und deren Auswirkungen auf die Arbeitsdynamik schärfen.
  Nutzen Sie Modelle wie Hofstede's Kulturdimensionen oder Trompenaars' Kulturmodell, um theoretische Grundlagen zu vermitteln.

- **Selbstreflexion fördern:**
  Ermutigen Sie Führungskräfte, ihre eigenen kulturellen Vorurteile und Annahmen zu reflektieren.
  Dies kann durch Selbstbewertungsübungen und Diskussionen über persönliche Erfahrungen erreicht werden.

2. Kommunikationsfähigkeiten entwickeln:

Interkulturelle Kommunikationsworkshops:
Bieten Sie praxisorientierte Workshops an, die sich auf die Entwicklung von Kommunikationsfähigkeiten konzentrieren.
Schwerpunkte können auf direkter vs. indirekter Kommunikation, nonverbalen Signalen und der Anpassung des Kommunikationsstils an unterschiedliche kulturelle Kontexte liegen.

- **Rollenspiele und Simulationen:**
  Nutzen Sie Rollenspiele und Simulationen, um reale interkulturelle Szenarien nachzustellen.
  Diese Übungen helfen Führungskräften, praktische Erfahrungen zu sammeln und effektive Strategien zur Konfliktlösung und Verhandlung zu entwickeln.

3. Flexibilität und Anpassungsfähigkeit fördern:

- **Situatives Führungstraining:**
  Entwickeln Sie Trainingsmodule, die den situativen Führungsstil betonen, bei dem Führungskräfte lernen, ihren Ansatz je nach kulturellem Kontext und den Bedürfnissen des Teams anzupassen.

- **Fallstudienanalyse:**
  Nutzen Sie Fallstudien aus unterschiedlichen kulturellen Kontexten, um Führungskräfte mit verschiedenen Herausforderungen und Lösungsansätzen vertraut zu machen.

4. Aufbau von Beziehungen und Vertrauen:

- **Teambuilding-Aktivitäten:**
  Integrieren Sie Teambuilding-Übungen, die darauf abzielen, Vertrauen und Beziehungen in multikulturellen Teams zu stärken. Dies kann durch gemeinsame Projekte, kulturelle Austauschprogramme oder informelle Treffen erreicht werden.

- **Mentoring und Coaching:**
  Implementieren Sie Mentoring- und Coaching-Programme, in denen erfahrene Führungskräfte ihre interkulturellen Erfahrungen und Best Practices mit weniger erfahrenen Kollegen teilen.

5. Kontinuierliches Lernen und Entwicklung:

- **Fortlaufende Schulungen:**
  Bieten Sie regelmäßige Auffrischungskurse und Workshops an, um das Wissen und die Fähigkeiten der Führungskräfte auf dem neuesten Stand zu halten.
  Dies kann durch Online-Kurse, Webinare und Präsenzseminare geschehen.

- **Netzwerkbildung und Wissensaustausch:**
  Fördern Sie den Austausch von Erfahrungen und Wissen durch die Schaffung von Netzwerken und Plattformen, auf denen Führungskräfte Best Practices und Herausforderungen teilen können.

Zusammenfassung:

Führungskräftetrainings zur interkulturellen Kompetenz sind ein wesentlicher Bestandteil der Vorbereitung von Führungskräften auf die Herausforderungen der Führung in multikulturellen Teams. Durch die Schaffung von Bewusstsein, die Entwicklung von Kommunikationsfähigkeiten, die Förderung von Flexibilität und den Aufbau von Beziehungen können Führungskräfte effektiv in einem globalen Umfeld agieren.

Diese Trainingsprogramme tragen dazu bei, das Potenzial der kulturellen Vielfalt zu nutzen, Missverständnisse zu reduzieren und eine harmonische und produktive Arbeitsumgebung zu schaffen.

Kontinuierliches Lernen und der Austausch von Erfahrungen sind entscheidend, um die interkulturelle Kompetenz langfristig zu stärken und den Erfolg in einem dynamischen, multikulturellen Geschäftsumfeld zu sichern.

Kapitel 9
Kulturelle Einflüsse und Diversität

Kulturelle Einflüsse und Diversität

Religion und Feste

Religion und Feste spielen eine zentrale Rolle in vielen Kulturen und beeinflussen sowohl das persönliche als auch das berufliche Leben. In einem multikulturellen Arbeitsumfeld ist es wichtig, religiöse Überzeugungen und Traditionen zu respektieren und zu berücksichtigen, um ein inklusives und respektvolles Arbeitsumfeld zu schaffen.
In diesem Kapitel werden die Bedeutung kultureller Sensibilität in Bezug auf Religion, die Berücksichtigung von Festen und Feiertagen sowie praktische Tipps für eine inklusive Kalenderplanung im Unternehmen behandelt.

Kulturelle Sensibilität in Bezug auf Religion

Verständnis und Respekt:
Kulturelle Sensibilität bedeutet, die religiösen Überzeugungen und Praktiken der Mitarbeiter zu verstehen und zu respektieren.
Führungskräfte sollten sich bemühen, Wissen über die Religionen und Glaubenssysteme ihrer Teammitglieder zu erlangen und diese zu respektieren, ohne Vorurteile oder Diskriminierung zu zeigen.

Offene Kommunikation:
Fördern Sie eine offene Kommunikationskultur, in der Mitarbeiter sich wohl fühlen, über ihre religiösen Bedürfnisse und Präferenzen zu sprechen.
Dies kann dazu beitragen, Missverständnisse zu vermeiden und das gegenseitige Verständnis zu fördern.

Anpassungen am Arbeitsplatz:
Seien Sie bereit, Anpassungen vorzunehmen, um den religiösen Praktiken der Mitarbeiter gerecht zu werden, wie z.B. die Bereitstellung von Gebetsräumen oder die Flexibilisierung von Arbeitszeiten für religiöse Rituale.

Berücksichtigung von Festen und Feiertagen

- **Vielfalt der Feste:**
  In einem vielfältigen Team gibt es eine Vielzahl von religiösen und kulturellen Festen, die für die Mitarbeiter von Bedeutung sind.
  Diese Feste können verschiedene Formen annehmen, von religiösen Feiertagen bis hin zu kulturellen Feierlichkeiten.

- **Bewusstsein schaffen:**
  Führungskräfte sollten sich über die unterschiedlichen Feste und Feiertage informieren, die von ihren Teammitgliedern gefeiert werden.
  Ein Verständnis dieser Feste kann helfen, die Bedeutung dieser Tage für die Mitarbeiter zu würdigen.

- **Flexibilität und Unterstützung:**
  Ermutigen Sie zu flexiblen Arbeitszeiten und unterstützen Sie Mitarbeiter, die an religiösen Festen teilnehmen möchten.
  Dies kann durch die Gewährung von Urlaubstagen oder die Anpassung von Arbeitsplänen erreicht werden

Praxistipp: Inklusive Kalenderplanung im Unternehmen

- **Inklusive Kalendererstellung:**
  Erstellen Sie einen Unternehmenskalender, der eine Vielzahl von religiösen und kulturellen Feiertagen berücksichtigt.
  Dies hilft, die Vielfalt im Team zu würdigen und sicherzustellen, dass wichtige Termine nicht mit diesen Tagen kollidieren.

- **Vermeidung von Überschneidungen:**
  Planen Sie wichtige Geschäftstreffen, Projekte oder Deadlines so, dass sie nicht mit bedeutenden religiösen oder kulturellen Feiertagen kollidieren.
  Dies zeigt Respekt und Verständnis für die Bedürfnisse der Mitarbeiter.

- **Kommunikation und Transparenz:**
  Teilen Sie den Kalender mit allen Mitarbeitern und ermutigen Sie sie, Feiertage oder Feste hinzuzufügen, die für sie persönlich wichtig sind. Dies fördert Transparenz und Inklusion.

- **Regelmäßige Überprüfung:**
  Aktualisieren Sie den Kalender regelmäßig, um neue Feiertage oder Änderungen in den religiösen oder kulturellen Praktiken der Mitarbeiter zu berücksichtigen.

Zusammenfassung:

Die Berücksichtigung von Religion und Festen im Unternehmen ist ein wesentlicher Aspekt der Förderung von Vielfalt und Inklusion.
Kulturelle Sensibilität und die Berücksichtigung von Feiertagen tragen dazu bei, ein respektvolles und unterstützendes Arbeitsumfeld zu schaffen.
Durch inklusive Kalenderplanung und offene Kommunikation können Unternehmen sicherstellen, dass sie die religiösen und kulturellen Bedürfnisse ihrer Mitarbeiter respektieren und ihnen die Möglichkeit geben, ihre Traditionen zu pflegen.
Diese Maßnahmen fördern nicht nur das Wohlbefinden und die Zufriedenheit der Mitarbeiter, sondern stärken auch die Teamdynamik und das Engagement innerhalb des Unternehmens.

Kapitel 10
Zukunft der Interkulturellen Vielfalt

Zukunft der Interkulturellen Vielfalt

Interkulturelle Vielfalt als Wettbewerbsvorteil

Interkulturelle Vielfalt ist nicht nur ein ethisches Gebot, sondern auch ein strategischer Vorteil, der Unternehmen helfen kann, sich in einer globalisierten Welt zu differenzieren und zu wachsen.

Die bewusste Integration von Vielfalt in die Unternehmensstrategie kann zu einer stärkeren Innovationskraft, besseren Marktpositionierung und erhöhtem Unternehmenserfolg führen.

Dieses Kapitel beleuchtet die strategischen Vorteile der interkulturellen Vielfalt, Best Practices von globalen Unternehmen und praktische Tipps zur Implementierung von Vielfalt als Unternehmensstrategie.

Strategische Vorteile

1. Innovation und Kreativität:

Vielfalt der Perspektiven:
Interkulturelle Teams bringen eine Vielzahl von Perspektiven, Erfahrungen und Denkweisen mit sich, die zu innovativeren Lösungen und Produkten führen können.

> *Beispiel: Ein Unternehmen mit einem vielfältigen Team kann neue Marktchancen schneller erkennen und innovative Produkte entwickeln, die auf die Bedürfnisse einer globalen Kundschaft zugeschnitten sind.*

2. Erweiterung des Marktzugangs:

Globale Reichweite:
Eine diverse Belegschaft erleichtert es Unternehmen, neue Märkte zu erschließen, da sie über Mitarbeiter verfügen, die die kulturellen Besonderheiten und Konsumgewohnheiten dieser Märkte verstehen.

> *Beispiel: Ein multinationales Unternehmen könnte lokale Teams einsetzen, um kulturell relevante Marketingstrategien zu entwickeln, die den Zugang zu neuen Märkten erleichtern.*

3. Verbesserung der Kundenbindung:

Kulturelles Verständnis:
Ein vielfältiges Team kann besser auf die Bedürfnisse und Erwartungen einer vielfältigen Kundschaft eingehen, was die Kundenzufriedenheit und -bindung erhöht.

> *Beispiel: Ein Unternehmen, das kulturelle Vielfalt in seinen Kundenservice integriert, könnte maßgeschneiderte Dienstleistungen anbieten, die den Erwartungen der Kunden besser entsprechen.*

4. Steigerung der Mitarbeiterzufriedenheit:

Inklusives Arbeitsumfeld:
Eine Unternehmensstrategie, die Vielfalt fördert, trägt zu einem inklusiven Arbeitsklima bei, in dem sich Mitarbeiter wertgeschätzt und respektiert fühlen, was die Zufriedenheit und Produktivität steigert.

> *Beispiel: Ein Unternehmen, das Vielfalt aktiv fördert, könnte eine geringere Fluktuationsrate und höhere Mitarbeiterbindung verzeichnen.*

Best Practices von globalen Unternehmen

1. Vielfalt als Kern-Wert:

Integration in die Unternehmenskultur:
Erfolgreiche Unternehmen integrieren Vielfalt als zentralen Bestandteil ihrer Unternehmenskultur und Werte.

> *Beispiel: Firmen wie Google und IBM haben spezifische Diversitäts- und Inklusionsprogramme, die Vielfalt in allen Geschäftsbereichen fördern.*

2. Führungskräfteentwicklung:

Sensibilisierung der Führungskräfte:
Globale Unternehmen schulen ihre Führungskräfte in interkultureller Kompetenz, um sicherzustellen, dass sie Vielfalt effektiv managen können.

- *Beispiel: Unternehmen wie Microsoft bieten Schulungen an, die Führungskräfte auf die Herausforderungen und Chancen der Vielfalt vorbereiten.*

3. Globale Netzwerke und Partnerschaften:

Förderung von Vielfalt durch Partnerschaften:
Unternehmen arbeiten mit internationalen Organisationen und Netzwerken zusammen, um ihre Vielfalt zu erhöhen.

> *Beispiel: Unternehmen wie Unilever arbeiten mit NGOs und Bildungseinrichtungen zusammen, um vielfältige Talente zu rekrutieren und zu fördern.*

Praxistipp: Implementierung von Vielfalt als Unternehmensstrategie

1. Entwicklung einer Diversitätsstrategie:

Strategische Planung:
Unternehmen sollten eine klare Diversitätsstrategie entwickeln, die spezifische Ziele und Maßnahmen zur Förderung der Vielfalt definiert.

Umsetzung:
Diese Strategie sollte in die gesamte Unternehmensplanung integriert werden und messbare Ziele zur Bewertung des Fortschritts enthalten.

2. Förderung eines inklusiven Klimas:

Inklusives Umfeld schaffen:
Unternehmen sollten Maßnahmen ergreifen, um ein Arbeitsumfeld zu schaffen, das Vielfalt respektiert und fördert. Dies kann durch Schulungen, Richtlinien und kommunikative Maßnahmen unterstützt werden.

Umsetzung:
Implementieren Sie Anti-Diskriminierungsrichtlinien und fördern Sie eine offene Kommunikationskultur, in der Vielfalt als Stärke angesehen wird.

3. Diversität in der Personalbeschaffung:

Vielfältige Rekrutierung:
Unternehmen sollten Rekrutierungsprozesse überprüfen, um sicherzustellen, dass sie vielfältige Kandidaten ansprechen und einstellen.

Umsetzung:
Verwenden Sie geschlechterneutrale Stellenausschreibungen und arbeiten Sie mit Institutionen zusammen, die vielfältige Talente fördern.

4. Monitoring und Evaluierung:

Fortschritte überwachen:
Führen Sie regelmäßige Evaluierungen durch, um die Fortschritte bei der Implementierung der Diversitätsstrategie zu überprüfen und bei Bedarf Anpassungen vorzunehmen.

Umsetzung:
Erstellen Sie Berichte, die die Vielfalt der Belegschaft und die Effektivität der umgesetzten Maßnahmen analysieren.

Zusammenfassung:

Die strategische Integration von interkultureller Vielfalt bietet Unternehmen zahlreiche Vorteile, darunter erhöhte Innovationskraft, besseren Marktzugang und gesteigerte Mitarbeiterzufriedenheit.
Durch die Umsetzung bewährter Praktiken und die Implementierung einer klaren Diversitätsstrategie können Unternehmen diese Vorteile nutzen und sich als moderne, verantwortungsbewusste Arbeitgeber positionieren.
Eine aktive Förderung der Vielfalt ist nicht nur ein ethisches Gebot, sondern ein wesentlicher Bestandteil einer erfolgreichen Unternehmensstrategie in der globalisierten Wirtschaft.

Stichwortverzeichnis

Buchtipp:

Buchtipp:

Dagmar Kumbier

Friedemann Schulz von Thun (Hg.)

ro
ro
ro
ro

MITEINANDER
REDEN: Praxis

Herausgegeben von
Friedemann
Schulz von Thun

Interkulturelle
Kommunikation:
Methoden, Modelle,
Beispiele

Buchtipp:

Buchtipp:

Buchtipp: